AF433236

ספר
עֵץ חַיִּים
לרבינו
חיים ויטאל ז"ל
שקיבל ממרן האר"י זלה"ה
שער עגולים ויושר
שער א' ענף א'
די"א ע"א – די"א ע"ב
תש"פ
SimchatChaim.com
בהוצאת
שמחת חיים

בס"ד

הקדמה

ירפא **ה**מאציל **ו**יושיע **ה**בורא את כל חולי בני ישראל, וישלח להם רפואה שלימה, רפואת הנפש ורפואת הגוף, בכל אבריהם ובכל גידיהם לעבודתו יתברך.

בי"ב במנחם אב תשס"ה, הובהלתי לבית החולים, הרופאים לא נתנו לי סיכוי לחיות יותר מכמה שעות בגלל מספר תסבוכות. עם כל זאת בזכות התפילות של בני ישראל הקדושים, ברחמיו הרבים, ריחם עלי הקדוש ברוך הוא, ונשארתי בחיים.

עם כל זאת, הובחנה אצלי מחלה קשה בכליות, ונאמר לי שהצטרך למכונת דיאליזה. בשבילי זה היה שוק!!! אף פעם לא הייתי אצל רופא, או בבית חולים. כך בעל כרחי התחברתי למכונת דיאליזה, ומכונה זאת הייתי[1] קשורה בי ככלב במשך שמונים חודשים בדיוק, כמניין **יסוד**, במשך 10-12 שעות ביום.

בשבת פרשת **ויחי יעקב** י"ב טבת תשע"ב, בזכות בני ישראל, שכולם אהובים כולם ברורים כולם גיבורים כולם קדושים... וכולם פותחים את פיהם באהבה שלוש פעמים ביום, ואומרים - **ברוך אתה... רופא חולי עמו ישראל**, וכללותם כל האברכים, תלמידי הישיבות, רבנים וחכמים, חסידים, מקובלים עם תינוקות של בית רבן, זקנים עם נערים, בחורים וגם בתולות, בארץ הקודש ובעולם. ומצד שני בנות ישראל היקרות מפז, שהתפללו וקבלו עליהם כל מיני קבלות, מהפרשת חלה עד צניעות וכיסוי הראש, עם הרבנים, המנהלים, המורים, המורות **והתלמידות של בית יעקב דטורונטו** שכל יום התפללו, וכללו בתפילתם שבקעה את כל הרקיעים אותי, ונושעתי אני הקטן. הושתלה בי כליה. והתנתקתי ממכונת הדיאליזה.

אמר המלך דוד - **לולי**[2] תורתך שעשעי אז אבדתי בעניי. מה שנתן לי חיות היא התורה הקדושה, בשעות הרבות שהיתי מחובר למכונת הדיאליזה (כל 12 שעות ביום), ערכתי סדרתי וכתבתי במחשב את קונטרסים שלמדתי במשך שנים. וקונטרסים אלו הפכו לחיבור, ואחרי התלבטויות ובקשות מבני גילי, החלטתי בעזרתו יתברך להדפיס קונטרסים אלו.

ידוע הוא כי כל דברי האר"י זלל"ה ותלמידו נאמן ביתו, רבינו חיים ויטאל הם סתומים וחתומים באלפי שרשראות ומנעולים, והרב ז"ל גֻלָּה טפה וכיסה אלפים אמה, וכלל דבריהם הוא משלים. עם כל זאת העוסק במשל פועל בעלמות העליונים בנמשל. לכן צריך זהירות גדולה לא להגשים את המשלים, בסוד המבואר בספר הזוהר הקדוש **ועלייהו אתמר** ועליהם נאמר - **ארור האיש אשר יעשה פסל ומסכה וגומר, ושם בסתר, מאי בסתר** מהו בסתר - **בסתרו דעלמא** בסתר העולם. **ובגין דא אמר קודשא בריך הוא לא תעשון אתי** ומפני זה אמר הקדוש ברוך הוא לא תעשון אתי אלה"י כסף ואלה"י זהב, **והכי אוקמוה חבריא לא תעשון אתי כדמות שמשי שמשמשין אותי** וכך העמידוהו החברים לא תעשון אתי כדמות שמשי שמשמשים אותי **במרום, לצייר דילי שום ציור או דמיון** לצייר בסתר שלי שום ציור או דמיון, **דכל מאן דצייר לעיל לקודשא בריך הוא** שכל מי שמצייר למעלה לקדוש ברוך הוא, **בסתר (דאיהי שכינתיה, כלילא מעשר ספיראן** שהיא שכינתו, כלולה מעשר ספירות**), שום ציור, וצלם, ודמות, כגוונא דמצייירין בשמשין דיליה** שמצייירים בשמשים שלו, **נשמתיה אתלבשא בההוא צלמא** נשמתו מתלבשת באותו צלם....

---

[1]

גמרא סוטה ד"ג ע"ב – רבי אלעזר אומר, **קשורה בו ככלב**, שנאמר - ולא שמע אליה לשכב אצלה להיות עמה לשכב אצלה בעולם הזה. להיות עמה לעולם הבא.

[2]

תהלים קי"ט צ"ב

וכן הוא בסוף ענף ד' דשער א' בספר עץ חיים שער ההקדמות, וז"ל הטהור - ואמנם דבר גלוי הוא כי אין למעלה גוף ולא כח גוף חלילה. וכל הדמיונות והציורים אלו לא מפני שהם כך חס ושלום. אמנם **לשכך את הארזן** לכשיוכל האדם להבין הדברים העליונים, הרוחניים, בלתי נתפסים, ונרשמים בשכל האנושי. לכן ניתן רשות לדבר בבחינת ציורים ודמיוניים, כאשר הוא פשוט בכל ספרי הזוהר. וגם בפסוקי התורה עצמה כולם כאחד עונים ואומרים בדבר הזה, כמו שאמר הכתוב עיני הוי"ה המה משוטטים בכל הארץ. עיני הוי"ה אל צדיקים. וישמע הוי"ה. וירח הוי"ה. וידבר הוי"ה. וכאלה רבות. וגדולה מכולם מה שאמר הכתוב - ויברא אלהי"ם את האדם בצלם אלהי"ם ברא אותו זכר ונקבה וגו'. **ואם התורה עצמה דברה כך** גם אנחנו נוכל לדבר כלשון הזה, עם היות שפשוטו הוא שאין שם למעלה אלא אורות דקים בתכלית הרוחניות, בלתי נתפשים שם כלל, וכמו שאמר הכתוב - כי לא ראיתם כל תמונה, וכאלה רבות. ואמנם יש עוד דרך אחרת כדי להמשיך ולצייר בה הדברים העליונים, והם בבחינת כתיבת צורת אותיות, כי כל אות ואות מורה על אור פרטי עליון, וגם תמונת זו דבר פשוט הוא כי אין למעלה לא אות ולא נקודה, **וגם זה דרך משל וציור לשכך את הארזן** כנזכר......

ולכן כל המבואר כאן בחיבור זה הוא כדי **לשכך את הארזן**. והתרשימים שבסוף החיבור הם כדי **לשבר את העין**, לכן אין שום ביאור והסבר שלם, ואין שום תרשים שלם בתכלית השלמות.

ידוע כי[3] דברי תורה עניים במקומן ועשירים במקום אחר, **ועל אחת כמה וכמה** בדברי הרב ז"ל, שכל סוגיה חסרה[4] במקומה, וחלקיה מפוזרים במקומות אחרים. **זאת ועוד** הרב ז"ל מערבב בדרוש אחד כמה וכמה סוגיות, כאשר בפשטות דבריו נראה שכל הדרוש הוא דרוש אחד, ולא מחולק לסוגיות שונות, ושמועות שונות, **ביאור** דברי הרב ז"ל כאן הם **בעומק, והוא בעצם ליקוט** עד איפה שידי הקצרה הגיעה, מכל חלקי ספר עץ חיים, ושמונה השערים המצויינים לרב ז"ל, מבוא שערים ושאר ספרי הרב ז"ל, והוא גם על פי הקדמת רחובות הנהר למרן הרש"ש, דרושי פנימיות וחיצוניות, דרוש הדעת, סוגיות ערכין, סוגיות דכללות והתכללות, פרטות וכללות, וסוגיות עובי ואורך, ועל פי ביאור גדולי רבותינו חכמי המקובלים לדורותם זלה"ה זי"ע.

ידוע כי[5] אין בר בלי תבן, כך אין ספר בלי טעויות, ועוד יודע אני כי דל ועני אני, **ואין**[6] **עני אלא בדעה**. לכן מבקש אני בכל לשון של בקשה אם יש לכל אחד שאלות, הערות, הארות, תיקונים, נא לשלוח ל - <u>book@simchatchaim.com</u> והשתדל לענות, ולתקן את הצריך תיקון.

בברכה והצלחה בלימוד התורה הקדושה
ובעיקר בפנימיות התורה, תורת האר"י הח"י.
ורפואה שלימה לכל חולי ישראל.

אח"י

ב"ה

הקדמה קצרה לחיוב לימוד תורת הקבלה

ישמחו **ה**שמים **ו**תגל **ה**ארץ ירעם הים ומלאו. שזכינו בדור שלנו שפנימיות התורה, שהיא היא תורת הקבלה, מתפשטת לכל, וכל מקום בעולם היום לומדים בתורת הח"ן. הדור שלנו יש הרבה התעוררות ללמוד סתרי התורה הקדושה, הנקראת חכמת הקבלה. בירושלים של המאה ה18 בישיבת **בית אל** היו בקושי מנין של מקובלים, והיום תורת הקבלה מופצת בכל מקום בארץ ובעולם. לעניות דעתי אחת הסיבות העיקריות לשינוי זה הוא רצונם של בני התורה, החוזרים בתשובה ועמך לדעת את סוד החיים, למה ברא הקדוש ברוך הוא את העולם, ואת טעמי המצות, ר"ל אי אפשר היום בדור שלנו, להסביר על פי הפשט את הסיבה מדוע אסור לאכול בשר וחלב, מדוע צריך להניח תפילין, למה לשמור דוקא שבת ולא יום שלישי, אי אפשר להגיד כל הזמן **זאת גזרת הכתוב, כך רוצה הקדוש ברוך הוא,** האנשים מחפשים הסברים למצות, לסיפורי התנ"ך, לגלגולי נשמות, ועוד. ורק על ידי עסק בפנימיות התורה, אדם מסיג את ההסברים לקושיות שיש לו. **זאת ועוד** חיים אנחנו בדור של חומריות, והאנשים מחפשים את רוחניות שבחיים, אז מה עושים, נוסעים למזרח, להודו, סין, תאילנד למצוא רוחניות, ולא יודעים **ששורש כל הרוחניות בעולם נמצאת בתורה הקדושה,** עם כל זאת כאשר הלומד את פשט התורה, **הוא לא מכיר** את הקדוש ברוך הוא, והוא בלי יראת שמים ושמחה אמתית. כותב הרב המקובל האלוה"י רבינו יהודה פתייה בפרושו הנפלא על עץ חיים - כי לימוד עץ חיים הוא עמוק מאד מאד, כי הוא **מים שאין להם סוף,** והוא קשה מאד גם לחכמים ההוגים בו תמיד, וכל שכן למתחילים. כי הוא חזק מצור, וקשה מברזל, שאי אפשר לחצוב ממנו מאומה, אם לא על ידי כלי מחצב חזקים כציפורן שמיר. וכל המתחיל בלימוד עץ חיים, אם לא יהיה לו רב, או לפחות איזה מפרש המפרש לו כוונת הפרק ההוא לפי פשוטו, נבול יבול, ואינו יכול לעמוד על הפרק כי אם לאחר יגיעה רבה, ושקידה עצומה, וכולי האי ואולי. כי הרבה פעמים יסבור המעיין שהבין העניין ההוא כראוי, ואחר שילמוד עוד איזה פרקים אחרים, ירגיש כעצמו שלא הבין את פרקים הקודמים, והניסיון יעיד על זה, עד כאן דברי קודשו. עם כל זאת חייב כל אדם לעסוק בתורת ה**ח**יים.

צדיק אתה הוי"ה וישר משפטיך. כתב הרב רבינו חיים ויטאל ז"ל בהקדמה לשער ההקדמות - והנה מה שכתב בתחילת דבריו, ואפילו כל אינון דמשתדלי באורייתא כל חסד דעבדי לגרמייהו וכו', עם היות שפשטו מבואר ובפרט בזמנינו זה, בעוונותינו היום אשר התורה נעשית קרדום לחתוך בה אצל קצת בעלי תורה, אשר עסקם בתורה על מנת לקבל פרס, והספקות יתירות, וגם להיותם מכלל ראשי ישיבות, ודיני סנהדראות, להיות שמם וריחם נודף בכל הארץ, **ודומים במעשיהם לאנשי דור הפלגה הבונים מגדל וראשו בשמים,** ועיקר סיבת מעשיהם היא מה שנאמר אחר כך הכתוב - **ונעשה לנו שם...** והנה על הכת הזאת אמרו בגמרא כל העוסק בתורה שלא לשמה, נוח לו שנהפכה שליתו על פניו, ולא יצא לאויר העולם. ואמנם האנשים האלה מראים תימה וענוה באמרם כי כל עסקם בתורה הוא לשמה. והנה החכם הגדול התנא רבי מאיר ע"ה העיד עליהם שלא כך הוא, באומרו לשון כללות - כל העוסק בתורה לשמה זוכה לדברים הרבה וכו', **ומגלים לו רזי תורה, ונעשה כנהר שאינו פוסק,** והולך

וכמעיין המתגבר מאליו, בלתי הצטרכו לטרוח ולעיין בה, ולהוציא טיפין טיפין של מימי התורה מן הסלע, הנה זה יורה שאינו עוסק בתורה לשמה כהלכתה, ומי זה האיש אשר לא יזלו עיניו דמעות בראותו המשנה הזאת, **ורואה חסרונו ופחיתותו**, עד כאן לשונו. לכן כל אחד צריך לטעום מעץ החיים.

חצות לילה אקום להודות לך על משפטי צדקך. כתב רבינו אליהו מני זצ"ל רבו של הרי"ח הטוב, בספרו הקדוש כסא אליהו שער ד' וז"ל - ואם זיכך הוי"ה ללמוד בחכמת האמת, הנה עצה היעוצה היא שכל סדר הלימוד בנגלה תתנהג בו ביום דווקא. **אבל בלילה תלמוד בחכמת האמת, והעיקר הלימוד אחר חצות**, כי זה הלימוד צריך ישוב דעת הרבה, וכשיקוץ האדם אז דעתו מיושבת עליו יותר. גם גה הלימוד צריך הסתר והצנע, **וכל דבר שיהיה בלילה ובפרט אחר חצות יהיה נסתר יותר מן היום**. ותעשה ועד עם החברים בבית המדרש אם הוא צנוע, **או בביתך ותלמדו בכל לילה**, עד כאן לשונו. וישב ללמוד בלילה תחת עץ החיים.

קראתי בכל לב עניי הוי"ה חקיך אצרה. בהקדמה[7] לשער ההקדמות מבאר הרב ז"ל - ואמנם אל יאמר אדם אלכה לי ואעסוק בחכמת הקבלה, מקודם שיעסוק בתורה במשנה ובתלמוד, כי כבר אמרו רבינו ז"ל - אל יכנס אדם לפרדס **אלא אם כן מלא כריסו בבשר ויין**, והרי זה דומה לנשמה בלתי גוף, שאין לה שכר ומעשה וחשבון, עד היותה מתקשרת בתוך הגוף, בהיותו שלם מתוקן במצות התורה בתרי"ג מצות. **וכן בהפך** בהיותו עוסק בחכמת המשנה והתלמוד בבלי, ולא ייתן חלק גם אל סודות התורה וסתריה, כי **הרי זה דומה לגוף היושב בחושך**, בלתי נשמת אדם נר הוי"ה המאירה בתוכה, **באופן שהגוף יבש בלתי שואף ממקור חיים**, אשר זהו ענין אומרו במקום אחר ההוא הנזכר לעיל וז"ל - דאילין אינון דעבדי לאורייתא יבשה, ולא בעאן לאשתדלא בחכמת הקבלה וכו'. באופן כי התלמידי חכמים העוסקים בתורה לשמה, ולא לשמו, לעשות לו שם. צריך שיעסוק בתחילה בחכמת המקרא, והמשנה, והתלמוד, כפי מה שיוכל שכלו לסבול. ואחר כך יעסוק לדעת את קונו בחכמת האמת, וכמו שציווה דוד המלך ע"ה את שלמה בנו - דע את אלה"י אביך ועבדהו. ואם האיש הזה יהיה כבד וקשה בענין העיון בתלמוד, מוטב לו שיניח את ידו ממנו, אחר שבחן מזלו בחכמה זאת, ויעסוק בחכמת האמת. וזה שמבואר כל תלמיד חכם שאינו רואה סימן יפה בתלמוד בחמשה שנים, שוב אינו רואה, עד כאן דברי קודשו. ומזה כל אחד ואחד חייב להדבק במקור החיים.

חסדך הוי"ה מלאה הארץ חקיך למדני. בשער הגלגולים, בקדמה ט"ז כתב הרב ז"ל - עוד צריך שתדע, כי האדם צריך לקיים כל התרי"ג מצות, במעשה, ובדבור, ובמחשבה. וכמו שאמרו ז"ל על פסוק - זאת התורה לעולה ולמנחה וכו', כל העוסק בפרשת עולה, כאלו הקריב עולה וכו'. וכוונו בזה שהאדם מחוייב לקיים כל התרי"ג מצות בדבור, וכן על דרך זה במחשבה. ואם לא קיים כל התרי"ג בשלשה בחינות הנזכרות, מחוייב להתגלגל עד שישלים אותם. **עוד דע**, כי האדם מחויב לעסוק בתורה בארבעה מדרגות, **שסימנם פרד"ס**, והם, פשט, רמז, דרוש, סוד וצריך שיתגלגל עד שישלים אותם. ובהקדמה י"ז כותב הרב ז"ל - שהאדם **מחוייב לעסוק בתורה בארבעה מדרגות שבה**, והיא זאת, דע, כי כללות כל הנשמות

ע"ח ד"א ע"ד.

הם ששים רבוא ולא יותר. והנה התורה היא שרש נשמות ישראל, כי ממנה חוצבו, ובה נשרשו. ולכן יש בתורה ששים רבוא פירושים, וכלם כפי הפשט. וששים רבוא ברמז. וששים רבוא בדרש. **וששים רבוא בסוד.** ונמצא, כי מכל פירוש מן הששים רבוא פרושים, ממנו נתהווה נשמה אחת של ישראל, ולעתיד לבא כל אחד ואחד מישראל, ישיג לדעת כל התורה כפי אותו הפירוש המכוון עם שרש נשמתו, אשר על ידי הפרוש ההוא נברא ונתהווה כנזכר. וכן בגן עדן אחר פטירת האדם, ישיג כל זה. וכן בכל לילה כאשר האדם ישן, ומפקיד נשמתו ויוצאה ועולה למעלה, הנה מי שזוכה לעלות למעלה, מלמדים לו שם אותו הפירוש, שבו תלוי שרש נשמתו. ואמנם הכל כפי מעשיו ביום ההוא, כך באותה הלילה ילמדוהו, פסוק אחד, או פרשה פלונית, כי אז מאיר בו יותר פסוק ההוא משאר הימים. ובלילה האחרת יאיר בנשמתו פסוק אחר, כפי מעשיו של אותו היום, וכולם על דרך הפירוש ההוא אשר תלויה בו שרש נשמתו כנזכר, עד כאן דברי קודשו. ור"ל שכל יהודי ויהודי חייב להשיג את שורש נשמתו, וללמוד את סוד **החיים.**

יבאוני רחמיך ואחיה כי תורתך שעשעי. מבואר במדרש משלי - אמר רבי ישמעאל, בוא וראה כמה קשה יום הדין שעתיד הקדוש ברוך הוא לדון את כל העולם כולו בעמק יהושפט. בזמן שתלמידי חכמים באים לפניו, אומר לכל אחד מהם - כלום עסקת בתורה, אמר לו הן, אומר לו הקדוש ברוך הוא הואיל והודית, אמור לפני מה שקרית, ומה ששנית בישיבה, ומה ששמעת בישיבה. מכאן אמרו - כל מה שקרא אדם יהא תפוש בידו, ומה ששנה כמו כן, שלא תשיגהו בושה ליום הדין. מכאן היה רבי ישמעאל אומר - אוי הלה לאותה בושה, אוי לה לאותה כלימה, ועל זה ביקש דוד מלך ישראל בתפילה ובתחנונים לפני המקום ואמר - הוי"ה בוקר תשמע קולי בוקר אערך לך ואצפה. בא לפניו מי שיש בידו מקרא ואין בידו משנה, הקדוש ברוך הוא הופך את פניו ממנו, ושרי גיהנם מתגברים בו כזאבי ערב, ונוטלין אותו ומשליכין אותו לתוכה. בא לפניו מי שיש בידו שני סדרים או שלושה, אז הקדוש ברוך הוא אומר לו - בני, כל ההלכות למה לא שנית אותם, ואם אומר הקדוש ברוך הוא הניחוהו, מוטב, ואם לאו עושין לו כמידת הראשון. בא לפניו מי שיש בידו הלכות, הקדוש ברוך הוא אומר לו - בני, תורת כהנים למה לא שנית, שיש בה טומאה וטהרה, וטומאת שרצים וטהרת שרצים, טומאת נגעים וטהרת נגעים, טומאת נתקים ובתים וטהרת נתקים ובתים, טומאת זבים ולידה וטהרת זבים ולידה, טומאת מצורע וטהרתו, סדר וידוי יום הכיפורים, וגזירות שוות, ודיני ערכים, וכל דין שדנו ישראל לא דנו אלא מתוכו. בא לפניו מי שיש בידו תורת כהנים, אומר לו הקדוש ברוך הוא - בני, חמישה חומשי תורה למה לא שנית, שיש בהם קריאת שמע, ותפילין, ומזוזה. בא לפניו מי שיש בידו חמישה חומשי תורה, אומר לו - בני, למה לא למדת הגדה, ולא שנית, שבשעה שחכם יושב ודורש, אני מוחל ומכפר עוונותיהם של ישראל, ולא עוד אלא בשעה שעונין אמן יהא שמיה רבה מברך, אפילו נחתם גזר דינם אני מוחל ומכפר להם עוונותיהם. בא לפניו מי שיש בידו הגדה, אומר לו הקדוש ברוך הוא - בני, תלמוד למה לא שנית, שנאמר - כל הנחלים הולכים אל הים והים איננו מלא, זה התלמוד, שיש בו חכמות הרבה. בא מי שיש בידו תלמוד, הקדוש ברוך הוא אומר לו - בני, הואיל ונתעסקת בתלמוד, **צפית במרכבה, צפית בגאוה,** שאין הנייה בעולמי, אלא בשעה שתלמידי חכמים יושבים ועוסקים בתורה, מציצין ומביטין ורואין והוגין המון התלמוד הזה - **כסא כבודי היאך הוא עומד. רגל הראשונה במה היא משמשת, שנייה במה היא משמשת, שלישית במה היא משמשת, רביעית במה היא משמשת, חשמל היאך הוא עומד, ובכמה פנים הוא מתהפך בשעה**

אחת, לאי זה רוח הוא משמש, הברק היאך הוא עומד, כמה פנים של זוהר נראין בין כתפיו, לאיזה רוח משמש, כרוב היאך הוא עומד, לאי זה רוח הוא משמש. גדולה מכולם עיון כיסא הכבוד, היאך הוא עומד, עגול הוא כמין מלבן, ומתוקן הוא, כמה גשרים יש בו, כמה הפסק בין גשר לגשר, וכשאני עובר באיזה גשר אני עובר, ובאי זה גשר האופנים עוברים, ובאיזה גשר הגלגלים עוברים. גדולה מכולם מצפורני ועד קודקודי, היאך אני עומד, כמה שיעור בפיסת ידי, וכמה שיעור אצבעות רגלי. גדולה מכולם כיסא כבודי, היאך הוא עומד, לאיזה רוח הוא משמש, באחד בשבת לאיזה רוח הוא משמש, בשני בשבת לאיזה רוח הוא משמש, בשלישי בשבת לאיזה רוח הוא משמש, ברביעי בשבת, בחמישי בשבת, בששי בשבת לאיזה רוח משמשין, וכי לא זהו הדרי, זהו גדולתי, זהו הדר יופי, שבניי מכירין את כבודי במידה הזאת. ועליו אמר דוד - מה רבו מעשיך הוי"ה, כולם בחכמה עשית, מלאה הארץ קנייניך. עד כאן לשון המדרש. ממדרש זה לומדים על חובת כל אחד ואחד מישראל את לימוד כל חלקי הפרד"ס, ובעיקר את בחינת הסוד שבתורה, הנקרא[8] מעשה מרכבה, ובמעשה בראשית. ומבאר הרב בית לחם יהודה על השינוי שיש בפסוקים במעמד הר סיני, בפסוק אחד כתוב - ויחן שם **ישראל** תחת ההר. ומספר פסוקים יותר מאוחר כתוב וירא **העם** וינועו מרחק. וידוע כי כאשר כתוב בתורה **ישראל**, מדובר **בבני ישראל**, וכאשר כתוב **העם**, מדובר על **הערב רב**. וז"ל הרב בית לחם יהודה - ובזוהר בהעלותך דף קנ"ב ע"א קרי להעוסקים בחכמת האמת, אינון דהוי קיימי בטורא דסיני. וז"ל - חכימין עבדי דמלכא עלאה אינון דקיימו בטורא דסיני, לא מסתכלי אלא בנשמתא, דאיהי עיקרא דכלא אורייתא ממש וכו'. ונראה בעיני אם מותר, משמע אותן שאינן יודעים סודות התורה לא עמדו על הר סיני, עד כאן לשונו. ונראה לי בביאור כוונתו כי בתחילה כשיצאו ישראל לקראת האלהי"ם, היו מתייצבים בתחתית ההר, ואחר כך נאמר וירא העם וינועו ויעמדו מרחוק, כי היו יראים פן תאכלם האש הגדולה הזאת וימיתו. והיה מקצת מהעם שהיו ששים ושמחים לקראת השכינה, ולא רצו לזוז ממקומם הראשון, ולעמוד מרחוק, אפילו אם ימיתו ממש. ועליהם הוא מה שכתב בזוהר הנזכר - אינון דקיימו בטורא דסיני, כלומר ולא נעו ועמדו מרחוק, אלא עמדו בטורא דסיני מתחלה ועד סוף, ולכן הם זוכים לחכמת האמת. ואותם הנשמות אשר נעו עם העם ועמדו מרחוק, כן הם עושים גם עתה, שנסים ועומדים מרחוק לחכמת האמת מיראתם, פן תאכלם האש הגדולה הזאת. ולכן על כל אחד ואחד מבני ישראל הקדושים מחויב לעמוד תחת עץ החיים.

יראיך יראוני וישמחו כי לדברך יחלתי. בספר הזוהר הקדוש מבואר מדוע התפילות של בני ישראל לא נענות, וז"ל תיקוני הזוהר תיקון מ"ג - **בראשית תמן את"ר יב"ש** במלת בראשית יש אותיות את"ר יב"ש, **ודא איהו ונהר יחרב ויבש** היסוד הנקרא נהר יחרב ויבש ממי השפע, ואין לו מה להשפיע למלכות, **בההוא זמנא דאיהו יבש** באותו הזמן שהיסוד הוא יבש, **ואיהי יבשה** המלכות הנקראת יבשה, היא יבשה כי לא מקבלת שפע מהיסוד, אז כאשר **צווחין בנין לתתא** מתפללים וצועקים בני ישראל, **ביחודא ואמרין** וביחוד שאומרים בני ישראל **שמע ישראל** שיבא ז"א הנקרא ישראל להתיחד עם נוקבא בשעת התפילה דעמידה, עם כל זאת **ואין קול** של התפילה או הקריאת שמע שעוזרים לזיווג דזו"ן **ואין עונה** ואין מי שיענה וימלא את הבקשות בתפילתם. **הדא הוא דכתיב** וזהו שכתוב - **אז** בני ישראל יקראונני

גמרא חגיגה די"א ע"ב

בני ישראל בעת צרתם בקריאת שמע ובתפילה, **ולא אענה** ואני לא אענה אותם בתפלתם, מפני שלא לומדים ומתעסקים בפנימיות התורה. **והכי מאן דגרים דאסתלק** וכל מי שגורם הסלקות פנימיות תורת הקבלה **וחכמתא מאורייתא דבעל פה** ו**מאורייתא דבכתב** מהתורה שבעל פה והתורה שבכתב, **וגרים דלא ישתדלון בהון** וגורמים גם לאחרים שלא יתעסקו וילמדו את חכמת הקבלה, **ואמרין דלא אית אלא פשט באורייתא ובתלמודא** ואומרים שאין בתורה ובתלמוד אלא פשט התורה, בלי פנימיות הסוד, **בודאי כאלו הוא יסלק נביעו מההוא נהר** בודאי נחשב לו כאילו הוא מסתלק את נביעת שפע החכמה והבינה מן היסוד, **ומההוא גן** ומן הנוקבא הנקראת גן, **ווי ליה** לאותו יהודי **טב ליה דלא אתברי בעלמא** טוב לו שלא היה נברא, **ולא יוליף ההיא אורייתא דבכתב ואורייתא דבעל פה** ולא היה לומד תורה שבכתב ותורה שבעל פה, כי דינו כעם הארץ שלא למד כלל, ועוד **דאתחשב ליה כאלו אחזר עלמא לתהו ובהו** שנחשב לו כאילו החזיר את העולם לתהו ובהו, ר"ל לסוד שבירת הכלים לפי שמגביר הקליפות כאשר הנהר והגן יבשים, **וגרים עניותא בעלמא ואורך גלותא** וגורם עניות בעולם ומאריך את הגלות השכינה וביאת המשיח. עד כאן דברי הזוהר הקדוש. וכותב רב חיים ויטאל זלה"ה בהקדמה וז"ל - אמנם שעשועות של הקדוש ברוך הוא בתורה, והיותו בורא בה את העולמו, היתה בהיותו עוסק בתורה בבחינת הנשמה הפנימית שבה, הנקרא - רזי תורה, הנקרא מעשה מרכבה, **היא חכמת הקבלה** כנודע אל היודעים, וטעם הדבר הוא להיותו עולם האצילות העליון מאד, טוב ולא רע, דלא יכיל להתערבא עמיה קליפה, ועליה אתמר - וכבודי לאחר לא אתן, כנזכר בספר התיקונין דף ס"ו תיקון י"ח, וכן בספר הזוהר בפרשת בראשית דף כ"ח ע"א עיין שם. ולכן גם התורה אשר שם [**אח**"י - בעולם האצילות] איננה רק מופשטת מכל לבושי הגופנים, מה שאין כן למטה בעולם היצירה, עולם דמטטרו"ן, הנקרא עבד טוב, והוא הנקרא עץ הדעת טוב מסטרא, ומסטרא דסמא"ל שהוא קליפין דיליה, **נקרא עבד רע**, כי התורה אשר שם, הם שית סדרי משנה **הנקראים שפחה** כנזכר לעיל, וכנזכר בפרשת בראשית שם דף כ"ז ע"א. ולכן נקראת משנה, לפי ששם יש שינויים הפוכים **טוב מסטרא דעבד טוב**, היתר, כשר, טהור. **רע מסטרא דעבד רע**, איסור, טמא, פסול. גם הוא מלשון כי מרדכי היהודי משנה למלך, שהיה שפחה הנקרא עבד מלך, מלך גם נקרא מלשון שינה, כנזכר בפרשת פינחס דף רמ"ד ע"ב - קם זמנא תנינא ואמר, מארי מתניתין נשמתין ורוחין ונפשין דילכון אתערו כען ואעברו שינתא מניכון דאיהו, ודאי משנה אורח פשט, דהאי עלמא ואנא לא אתערנא בכו, אלא ברזין עילאין דעלמא דאתי דאתון בהון, לא ינום ולא ישן. וזה יובן במה שמבואר יותר למעלה שם - **ורבנן דמתניתין ואמוראי, כל תלמודא דלהון על רזין דאורייתא סדרו ליה**. ונמצא כי המשנה והש"ס הם הנקרא גופי תורה. והנה דבריהם כחלום בלי פתרון, **ורזיה וסתריה הפנימים הנקרא בנשמת התורה, הם הם פתרון החלום הנפתר בהקיץ**, בסוד - אני ישנה ולבי ער, וכמו[9] שאמרו חכמים ז"ל - **במחשכים הושיבני כמתי עולם, זה תלמוד בבלי**, אשר אינינו מאיר אלא על ידי ספר הזוהר, **הם הם רזי תורה וסתריה** אשר עליהם נאמר - ותורה אור. ואין ספק כי כמו שהיוצר נקראת עבד ושפחה בערך האצילות, ונקרא קליפין ולבושין דחול, כנזכר בהקדמת ספר התיקונין ד"ג ע"ב וז"ל - וביומי דחול לביש עשר כתות דמלאכיא דמשמשי לעשר ספירות דבריאה. ואם כן לתמוה כי התורה אשר שם שהיא המשנה, תהיה נקרא שפחה וקליפין דתורה דאצילות, וזה סוד כל הבשר חציר הנזכר

לעיל במאמר הראשון, כי כמו שהחטה שהיא בגימטריא כמנין כ"ב אותיות התורה, הגנוזה תוך כמה קליפין ולבושין שהם הסובין והמורסן והתבן והקש והעשב, הנקרא חציר, כן המשנה אצל סודות התורה נקרא חציר, וזה נרמז בספר הזוהר פרשת כי תצא ברעיא מהמנא דף רע"ה ע"ב - **אצל רבנן ווי לאינון דאכלין תבן דאורייתא, ולא ידעי בסתרי אורייתא, אלא קלין וחמורין דאורייתא, קלין אינון תבן דאורייתא, וחמורין אינון חטה דאורייתא, ח"ט ה' אלנא דטוב ורע וכו'**. ואלו באתי להרחיב דרוש זה לא יספיקו מאה קונטרסין בלי ספק בלי שום גוזמא, האמנם החכם עיניו בראשו כי דברי אמת אני אומר, ואל יתמה האדם בראותו ספר הזוהר איך קורא אל המשנה שפחה וקליפין, כי עסק המשנה כפי פשטיה, **אין ספק שהם לבושין וקליפין חיצונים בתכלית אצל סודות התורה הנגנזים**, ונרמזים בפנימיותה כי כל פשטיה הם בעולם הזה בדברים חומרים תחתונים..... על כן על כל בני ישראל לאכול מעץ החיים.

מה אהבתי תורתך כל היום היא שיחתי. ומבאר הרב ז"ל בהקדמה לשער המצות, כי עסק לימוד פנימיות התורה הוא חלק בלתי נפרד מתלמוד תורה, וז"ל - גם בענין עסק התורה שהיא אחת מרמ"ח מצות עשה, אם לא השלים אותה, **שהוא ענין עסקו בפרד"ס התורה**, שהוא ראשי תיבות **פשט רמז דרש סוד**, בכל בחינה מהם כפי אשר יוכל להשיג, **עד מקום שידו מגעת**, לטרוח ולעשות לו רב שילמדנו. ואם לא עשה כן, הרי חסר מצוה אחת של תלמוד תורה, שהיא גדולה ושקולה ככל המצות, וצריך **להתגלגל** עד שיטרח הארבעה בחינות של פרד"ס כנזכר. וכן מבאר הרב בית לחם יהודה בהקדמתו הקדושה, וז"ל - ומה מאד נמלצו [**אח"י** - מלשון מליצה] בזה דברי הנביא ירמיה (סימן כ"ב) באומרו - אל תבכו למת וכו'. שהוא מדבר עם הציבור המתקבצים להספיד על איזה צדיק הנפטר רח"ל, על שנחסר צדיק אחד מהדור שהיה מנין בזכותו עליהם. וקאמר להו הנביא אל תבכו וכו', **לפי שרובם של צדיקים אינם זוכים לעסוק בכל ארבעה חלקי הפרד"ס, ואם כן מוכרחים הם לחזור ולבוא בגלגול כדי להשלים לימודם בארבעה חלקים**, כי אפילו הוא עסק בשלוש חלקי הפרד"ס, לא יצא ידי חובתו, ועליו נאמר הן כל אלה יפעל א"ל פעמים שלש עם גבר, להחזירו בגלגול. ואם כן הויא פסידא דהדרא. ואם כן אין לכם פסידא כל כך. אמנם בכו בכו להלך, לאותו צדיק שכבר עסק בארבעה חלקי הפרד"ס. כי תיבת להלך היא חסר ו', ואם תחשוב תיבת להלך ארבעה פעמים עם ארבעה הכוללים, שהם כנגד ארבעה חלקי הפרד"ס, הם בגימטריא פרד"ס. **שזה הצדיק לא ישוב עוד וראה את ארץ מולדתו, כי על ארבעה לא אשיבנו.** שזהו פסידא דלא הדרא באמת, ונחסר לגמרי מן העולם הזה, עד כאן לשונו. ולכן חובה על כל אדם לעסוק בכל חלקי הפרד"ס, ובפרט בחלק הסוד, הנקרא פנימיות התורה, כמבואר בזוהר הקדוש כמובא בזוהר הקדוש פרשת נשא דף קכ"ד - **בהאי חבורא דילך דאיהו ספר הזוהר יפקון ביה מן גלותא ברחמי**, בזכות הלימוד בספר הזוהר הקדוש, יצאו בני ישראל מהגלות **ברחמים**. ועוד כל מי שחשקה נפשו ללמוד, אסור למנוע זאת ממנו, בסוד הפסוק[10] - אל תמנע טוב מבעליו, ועל כל אדם להיכנס לפרד"ס החיים.

אשרי האיש אשר לא הלך בעצת רשעים ובדרך חטאים לא עמד ובמושב לצים לא ישב. דע כי

משלי ג' כ"ז – אל תמנע טוב מבעליו בהיות לאל ידך לעשות.

יהיו הרבה אנשים רשעים, שינסו למנוע מבני ישראל הקדושים ללמוד בכללות תורה, ובפרט את תורת הקבלה, מכל מיני סיבות ומניעות, והשטן מדבר מגרונם של אלו הרשעים. ואלו דברי קודשו של בעל שבט מוסר רבינו אליהו הכהן האתמרי זצלה"ה - ובהביטך בן אדם מה שעבר על אחרים למה תרדוף אתה אחר כל אלה הדברים הזורים, להשביע נפש מרורים ולמוסרה ביד צרים המה המקטרגים הצוררים, ולמה לא תחמול על נפשך ועל נועם תבנית צלם גופך למוסרו בידן ולהשליכו בתוך גחלי רתמים בטיט היון של גיהנם, להשחירו ולהתיכו כאשר ניתך הזפת בפני האש, אשר על כן תן עצה אתה בנפשך **לברור בדרך החיים בעסק התורה והמצות**, וגם להצטער עצמך זמן קצוב הם חיי עולם הזה, כדי שתתענג זמן רב בלתי סוף ותכלית, ואל יעלה על דעתך כאשר עלה בדעת הרבה שנאבדו בידם באומרם כיון שמכיר אני בעצמי שאין בדעתי להבין ולהשכיל, איני עוסק בתורה, טועה הוא בדבר, שהרי הוא מחוייב לעשות מה שנצטוה לעשות, ואם יבין יבין, **שהרי והגית בו יומם ולילה כתיב** ולא כתיב ותבין בו, וכן תמצא בדברי התנא אם למדת תורה הרבה נותנין לך שכר הרבה, ואינו אומר אם הבנת הרבה, אלא למדת אמרו, ותשתדל להבין ואם תבין תבין, ואם לא שכר לימודך בידך, וכמאמר התנא לפום צערא אגרא, ומה גם שאמרו האדם איני לומד מפני שאיני מבין, **הוא פיתוי היצר**, יתמיד בלימודו וסוף הבינה לבא, שבראות קדוש ברוך הוא **חשקו בתורתו ודבקותו בה, פותח לו מעייני החכמה**, דכתיב - כי הוי"ה יתן חכמה מפיו דעת ותבונה. והנני מוסר לך דבר אשר תרדוף אחריה, ויהיה חיים לנפשך וענקים לגרגרותיך, **לעולם יהיה עיקר לימודך בדבר של תורה שליבך חפץ יותר**, אם בגמרא גמרא, ואם בדרוש דרוש, ואם ברמז רמז, **ואם בקבלה קבלה**, ורמז לדבר כי אם בתורת הוי"ה חפצו, כלומר תורת הוי"ה תלויה בדבר שלבו חפץ לעסוק, וכמו שמבאר האר"י זלה"ה בספר דרושי הנשמות והגלגולים פרק שלישי, וז"ל - יש בני אדם שכל חפצם ועסקם בפשטי התורה, ויש שעסקם בדרוש, ויש ברמז, ויש גם כן בגימטריות, **ויש בדרך האמת**, הכל כפי מה שעליו נתגלגל בפעם ההוא, כיון שהשלים פעם אחרת בשאר העניינים, אין צורך לו שבכל גלגול יעסוק בכולם, עד כאן לשונו. **ואל תביט ותשגיח לדברי המתנגדים על מה שחשקת לעסוק בתורה** בגמרא או בפשט או בדרוש וכו', באומרם לך למה אתה מוציא כל ימיך בפרט זה של תורה ולא בפרט זה, משום שעל מה שחשקת ללמוד, על דבר זה זה באת לעולם, ואם תשים דעתך לדבריהם, יכריחוך להתגלגל בזה העולם פעם אחרת ולעבור נפשך בחרב חדה של מלאך המות ולטעום טעם מיתה, ולכן לא תשמע לדברי המשחית נפשך, **כי דע שהשטן מתלבש באלו האנשים לדאוג ולהצטער ולהכאיב נפש הלומד ועוסק בתורה**, בחלק שֶׁאָוְתָה נפשו לעסוק, כדי להבדילו משם שלא ישלים נפשו, על מה שבא להשלימה, ולהכריחו גלגולים אחרים, וכשם שבדבר שחושק יותר האדם ללמוד, משם יבין שעל דבר זה נתגלגל להשלים, כך צריך האדם שידע שורש נשמתו ומהיכן נמשך ועל מה בא לתקן ולהשלים, כמו שאמר בזוהר שיר השירים על הגידה לי את שאהבה נפשי וכו'. **וכדי שיבין יראה באיזה מצוה תקיף יצרו יותר לבטלה יתחזק בה לקיימה, כי בוודאי על מצוה זו נתגלגל**, וכדי שלא ישלים חוקו מנגדו יצרו לבטלה להוציאו מן העולם בידיים ריקניות... ולכן לא תשמע לדברי רשעים אלו, אלא תשמע לדברי חיים.

חבר אני לכל אשר יראוך ולשמרי פקודיך. בסוף[11] עץ חיים מובא מספר כללים למהרח"ו,

---

ע"ח ח"ב דקי"ט ע"א.

וז"ל - להאר"י זלה"ה. הרמב"ן וחבריו ודברי ראשונים כמו רבי נחוניא בן הקנה לא הזכירו רק עשר ספירות, ולא גילו ענייני פרצוף כלל. **ודע שהרמב"ן והראשונים היו יודעים בפרצוף**, אלא שדברו בהעלם גדול, לרוב הגלות שלא ניתן רשות לגלות, ולהתפשט האורות הגדולים, מאחר שגברו הקליפות, וכל זר לא יאכל קדש. **אמנם בעקבות משיחא כמו בדורינו זה התחילו האורות להתפשט להיות כבראשונה**, כמו שהיה בזמן העולם מתוקן ולהתתקן מעט. ומתחלה היו האורות סתומים, היה העולם מקולקל, וכל מה שנתקלקל נסתם בגלות, ולא היו משיגין אלא עשר ספירות בסתום, בסוד הנקודות, כל אחד כלול מעשר, ובענין הפרצופים לא נתגלה להם כלל, לפי שמצאו בדברי הראשונים סתומים, ולא ידעו עומק הדברים, וחשבו שכך הוא ודברו בעשר ספירות כל אחד כלול מעשר ובחינות הרבה, ולפי שראיתי מי שחולק על דברים אלו לאמור שלא מצינו אלא עשר ספירות, ומהיכן יש לשלוט כח לאמור כמה פרצופים שנמצא יותר מעשר ספירות, ומספר רב והלא הראשונים כתבו בספר יצירה - עשר ולא תשע, עשר ולא י"א, לזה באתי לפתוח לך כחודא דמחטא, אולי תזכה להבין מקצת, וכולו לא תשורנו עין, וזהו. ובהקדמתו[12] הקדושה כותב הרב ז"ל - והנה אין בכל דור ודור שלא נמצאו בו אנשים יחידי סגולה ששרתה עליהם רוח הקודש, והיה אליהו הנביא ז"ל נגלה עליהם, **ומלמד אותם סתרי החכמה הזאת**, וכמו שנמצא כתוב בספרי המקובלים, גם בעל ספר הרקנטי כתב בפרשת נשא בפרשת ברכת כהנים...... ואנשי לבב שמעו לי, אל יהרסו אל הוי"ה, **לראות בספרי האחרונים הבנויים על פי השכל האנושי**, ושומע לי ישכון בטח ושאנן מפחד רעה. ולכן אני הכותב הצעיר חיים וויטאל, רציתי לזכות את הרבים **בהעלם נמרץ והמשכילים יבינו**, וקראתי שם החבור הזה על שמי **ספר עץ חיים**, וגם על שם החכמה הזאת העצומה, חכמת הזוהר, הנקרא עץ חיים, ולא עץ הדעת כנזכר לעיל, בעבור כי בחכמה הזאת טועמיה חיים זכו, ויזכו לארצות החיים הנצחיים, **ומעץ החיים הזה ממנו תאכל, ואכל וחי לעולם**. ואשכילך ואורך דרך זו תלך דע מן היום אשר מורי זלה"ה החל לגלות זאת החכמה, **לא זזה ידי מתוך ידו אפילו רגע אחד**, וכל אשר תמצא כתוב באיזה קונטריסים על שמו ז"ל, ויהיה מנגד מה שכתבתי בספר הזה, **טעות גמור הוא, כי לא הבינו דבריו, ואם יש בהם איזה תוספות שאינו חולק עם ספרינו זה, אל תשית לבך בקבע אליו, כי שום אחד מהשומעים את דברי קדשו, לא ירדו לעומק דבריו וכוונתו, ולא הבינום**, בלי שום ספק. ואם יעלה בדעתך לחשוב שתוכל לברור הטוב ולהניח הרע, אל בינתך אל תשען, כי אין הדברים האלו מסורים אל לב האדם כפי שכל אנושי, והסברא בהם סכנה עצומה, ויחשב בכלל קוצץ בנטיעות חס ושלום, לכן הזהרתיך ואל תסתכל בשום קונטרסים הנכתבים בשם מורי זלה"ה, זולתי במה שכתבנו לך בספר הזה, **ודי לך בהתראה זאת**, אלו הם דברי קודשו. ועלינו ללמוד אך ורק בתורת מורינו חיים.

אני קראתיך כי תענני אל הט לי שמע אמרתי. עוד כתב הרב ז"ל בהקדמתו תנאים כדי לזכות לחכמה הקדושה הזאת, וז"ל - אני הכותב משביע בשמו הגדול יתברך, לכל מי שיפלו הקונרטרסים אלו לידו, שיקרא הקדמה זאת, ואם אותה נפשו לבוא בחדרת החכמה זאת, יקבל עליו לגמור ולקיים כל מה שאכתוב ויעיד עליו יוצר בראשית, שלא יבוא אליו היזק בגופו ונפשו, ובכל אשר לו, ולא לאחרים. תחת רודפו טוב והבא לטהר ולקרב. **ראשית הכל יראת**

ע"ח ד"ד ע"ב.

הוי"ה, להשיג יראת העונש, כי יראת הרוממות, שהוא יראה הפנימית, לא ישיגוהו רק מתוך גדלות החכמה, ועיקר מגמתו בידיעה הזה יהיה לבער קוצים מן הכרם, כי לכן נקראים העוסקים בחכמה הזאת מחצדי חקלא. **ובודאי שיתעוררו הקליפות נגדו לפתותו ולהחטיאו, לכן יזהר שלא לבוא לידי חטא אפילו שוגג,** שלא יהיה להם שייכות בו, לכן צריך ליזהר מהקלות, כי הקדוש ברוך הוא מדרדק עם הצדיקים כחוט השערה, לכן צריך לפרוש עצמו מבשר ויין כל ימות השבוע, **וצריך הזהרת סור מרע ועשה טוב,** ובקש שלום. בקש שלום צריך להיות רודף שלום, ולא להקפיד בביתו על דבר קטן וגדול, וכל שכן שלא יכעוס ח"ו.

וצריך להתרחק בתכלית הריחוק סור מרע.

א. ליזהר בכל דקדוקי מצות, ואפילו בדברי חכמים, שהם בכלל לא תסור.

ב. לתקן המעוות קודם שיבא לעולם הבא.

ג. יזהר מהכעס, אפילו בשעה שמוכיח את בניו, לא יכעוס כלל ועיקר.

ד. גם צריך ליזהר מהגאוה, ובפרט בענין הלכה, כי גדול כחה והגאוה, בזה עון פלילי.

ה. בכל צער שיבא לו, יפשפש במעשיו וישוב אל הוי"ה.

ו. גם יטבול בעת הצורך לו.

ז. גם יקדש את עצמו בתשמיש המטה שלא יהנה.

ח. שלא יעבור כל לילה ויחשוב בכל לילה מה שעשה ביום, ויתודה.

ט. גם ימעט בעסקיו ואם אין לו פרנסה כי אם על ידי משא ומתן, יכין יום שלישי ויום רביעי, מחצי היום ואילך, ובכוונה שהוא לעבודת קונו.

י. כל דבור שאינו של מצוה והכרחי, יהיה זהיר ממנו, ואפילו דבר מצוה ימנע בשעת התפלה.

ועשה טוב

א. לקום בחצי הלילה, ולעשות הסדר בשק ואפר ובכי גדול, ובכוונה כל אשר יוציא בשפתיו. ואחר כך יעסוק בתורה כל זמן שיוכל להיות בלי שינה, ובלבד שחצי שעה קודם עלות השחר יתעורר לעסוק בתורה.

ב. ילך לבית הכנסת קודם עלות השחר, קודם חיוב טלית ותפילין, להיזהר שיהיה מעשרה ראשונים.

ג. קודם שיכנס, ישים אל לבו מצות עשה ואהבת לרעך כמוך, ואחר כך יכנס.

ד. להשלים רמז צדיק בכל יום. שהוא צ' אמנים, ד' קדושות, י' קדישים, ק' ברכות.

ה. שלא להסיח דעתו מהתפילין בעת התפילה, זולת בעת העמידה ועסק התורה.

ו. צריך שיהיה עוסק בתורה, מעוטף בטלית ותפילין.

ז. לכוין בתפלה הכוונות, כמו שנבאר בע"ה.

ח. שישים תמיד נגד עיניו שם בן ארבעה אותיות הוי"ה, ויזדעזע ממנו, כמו שכתוב - שויתי הוי"ה לנגדי תמיד.

ט. שיכוין בכל הברכות, בפרט בברכת הנהנין.

י. צריך שיהיה עמל בתורה פרד"ס, שנאמר או יחזיק במעוזי, ואל יחשוב שיגלו לו רזי התורה בהיותו ריק, כדכתיב - יהב חכמתא לחכימין, וצריך ליזהר שלא יוציא בשפתיו בחכמה זו, מה שלא שמע מאדם שראוי לסמוך עליו, וכאזהרת רשב"י וחבריו. השגת החכמה תנאי הראשון, צריך למעט דבורו, ולשתוק, כל מה שיוכל כדי שלא להוציא שיחה בטילה, כמאמר רז"ל -

סייג לחכמה שתיקה. גם תנאי אחר, על כל דבר תורה שלא תבינהו, תבכה עליו כל מה שתוכל. גם עלית הנשמה בלילה לעולם העליון, שלא תשוט בהבלי העולם, תלוי שתישן בבכיה. ומרת עצבות מגונה עד מאוד, ובפרט להשיג חכמה, והשגה אין לך דבר מונע השגה יותר מזה. גם בענין השגת האדם, אין לך דבר שמועיל כמו הטהרה והטבילה, שיהיה האדם טהור, בכל עת ומורי זלה"ה עם היות שהיה לו חולי השבר שהקור מזיק לו, עם כל זה לא היה מונע מלטבול בכל עת, עד כאן דברי קודשו. ועלינו לקיים את בקשת הרב ז"ל את הבחינות של[13] סור מרע ועשה טוב, כדי לטפס בעץ החיים.

מרן הרש"ש מעיד[14] על עצמו, וז"ל - וראיתי מה שכתבו מעלת כבוד תורתם, על ענין עבודת הוי"ה שקצרתי במקום שהיה ראוי להרחיב מעט הדיבור, אמת הוא כי לכתחילה קצרתי בו, **יען ראיתי כמה מהנזק יצא ממה שכתבו בזה המקובלים שקדמו, כי רבים חללים הפילו, וחלול כבוד הוי"ה, וכבוד התורה. הוי"ה יכפר בעדם, כי כל דבריהם לא על פי התורה הם, ואינם מיוסדים על האמת, ומהם יצאו אבות, ומאבות תולדות הריסת יסודי התורה ח"ו,** הוי"ה יכפר. **וכל זה לא שלמדתי בדבריהם ח"ו,** אלא שפעם אחת הוכרחתי בעל כרחי לעיין בדף אחד שכתוב בו קצור מה שכתבו בענין זה, **וכמעט שקרעתי בגדי לראות דברים אשר לא כן על הוי"ה.** הוי"ה יכפר, וכבר מילתי אמורה להם, **כי עידי בשמים כי כל עסקי ולמודי, אינו רק בדברי האר"י זלה"ה, ותלמידו מהרח"ו ז"ל לבדם, ובלעדם אין לי עסק בשום ספר מספרי המקובלים ראשונים ואחרונים, ואפילו בדברי שאר תלמידי האר"י ז"ל לא למדתי, וכשיזדמן לפני דבר מדבריהם, אני מדלגו.** כי על כן איני כמזהיר, אלא כמזכיר, למען הוי"ה אל יהי לכם מגע יד בדבריהם, ובפרט בענין זה, השמרו לכם פן יפתה לבבכם, **אלא כל כל לימודם לא יהיה אלא בעץ חיים ובספר מבוא שערים ובשמונה שערים המפורסמים,** שכולם דברי אלהי"ם חיים. ואני קצרתי בענין זה כל מה שאפשר, כי יראתי פן יפלו אלו דפים אלו ביד מי שעדיין לא למד דברי האר"י ז"ל כראוי, **ויחשידני שלמדתי בספרים אחרים, ולא כן הוא כאמור,** ולכן קצרתי בו, ופיזרתי בהקדמה, עד כאן דברי קודשו של מרן הרש"ש. ואנחנו תפילה שיתגלה משיח צדקינו במהרה בימינו, ומלאה[15] הארץ דעה את הוי"ה כמים לים מכסים, דעת תורת החיים.

---

[13]
תהלים ל"ד ט"ו – סור מרע ועשה טוב בקש שלום ורדפהו.

[14]
נהר שלום דף ל"ד ע"א.

[15]
ישעיהו י"א ט' – לא ירעו ולא ישחיתו בכל הר קדשי כי מלאה הארץ דעה את הוי"ה כמים לים מכסים.

כתב רבינו גאון הקבלה רבי אליהו מני, רבו של הרי"ח הטוב, רבי יוסף חיים בעל הספר "בן איש חי", בספרו הקדוש **כסא אליהו** כי על הלומד כל מאמר ומאמר ארבעה חמשה פעמים בלי המפרשים, וינסה להבין את המאמר בעצמו. ואחר כך ילך לראות אם כיוון לדעת המפרשים.

וכן אני הקטן מבקש בכל לשון של בקשה, ללמוד את הדרוש כמו שהוא מובא בספר עץ חיים, ארבעה חמישה פעמים, כדי לנסות להבין את הדרוש. וכל דרוש מובא בתחילת הספר במלואו.

אחר כך יכנס ללמוד את הדרוש עם ביאור הדברים, עוד ארבעה חמישה פעמים, ואחר כך יראה את המקורות להגהות, ודברי רבותינו הקדושים, עם התרשימים וטבלאות.

ואז יעלה ויצליח בלימוד תורת האר"י הח"י.

כתב רבינו **השד"ה** רבי שאול דוויק הכהן, בהקדמת ספרו איפה שלימה, על אוצרות חיים וז"ל - וכדי שיוכל לעלות לימודו למעלה, ריח ניחוח לה'. קודם כל לימוד ימסור עצמו על קדושת ה', כי זה מועיל מאוד, כמו שכתוב בשער הכוונות דף כ"ד ע"ב, כי עתה בזמנינו בעוונותינו הרבים אין יכולת לעשות זווג כתיקונו למעלה, ולסיבה זו הקץ מתארך וכו'. אמנם עם כל זה יש קצת תיקון במה שנמסור נפשינו על קידוש ה' בכל הלב, כי על ידי כן אפילו אין בנו שום מעשים טובים, והרשענו עד להפליא. הנה על ידי מסירת נפשינו להריגה, מתכפרים עוונותינו כולם, ויש בנו יכולת לעלות עד אימא עילאה, כמו שאמרו חז"ל - גדולה תשובה שמגעת עד כסא הכבוד, שנאמר - שובה ישראל עד ה' וכו', עד כאן דבריו.

וזה הסדר

יקבל עליו ארבע מיתות בית דין, מארבעה אותיות הוי"ה וארבעה אותיות אדנ"י, וליחדם על ידי ארבעה אותיות אהי"ה ועל ידי עסמ"ב

יוד הֹי ויו הֹי	ולִיחדם על ידי אֹ	א	י סקילה
יוד הֹי ואו הֹי	ולִיחדם על ידי הֹ	דֹ ה	ה שרפה
יוד הֹא ואו הֹא	ולִיחדם על ידי י	גֹ	ו הרג
יוד הֹה וו הֹה	ולִיחדם על ידי הֹ	י ה	י וחנק

לְשֵׁם יְחוּד
קֻדְשָׁא בְּרִיךְ הוּא וּשְׁכִינְתֵּה

יָאהדונהי

בִּדְחִילוּ וּרְחִימוּ   וּרְחִימוּ וּדְחִילוּ

יאההויהה   איההיוהה

לְיַחֲדָא אוֹתִיּוֹת י״ה בּו״ה, בְּיִחוּדָא שְׁלִים

יְהו״ה

בְּשֵׁם כָּל יִשְׂרָאֵל, לְאַקְמָא שְׁכִינְתָּא מֵעַפְרָא, הָרֵינִי לוֹמֵד בַּסֵּפֶר
קַבָּלָה פְּלוֹנִי שֶׁהוּא כְּנֶגֶד תִּפְאֶרֶת דז״א בְּעוֹלָם הָאֲצִילוּת שֶׁבּוֹ
שֵׁם מ״ה כָּזֶה יו״ד ה״א וָא״ו ה״א לַעֲשׂוֹת מֶרְכָּבָה. וִיהִי רָצוֹן
מִלְּפָנֶיךָ ה׳ אֱלֹהֵינוּ וֵאלֹהֵי אֲבוֹתֵינוּ שֶׁתְּזַכֵּךְ רוּחֵנוּ וְנַפְשֵׁינוּ שֶׁיִּהְיוּ
רְאוּיִם לְעוֹרֵר מַיִן תַּתָּאִין עַל יְדֵי קְרִיאַת סֵפֶר הַקַּבָּלָה הַזֹּאת.
וִיהִי נֹעַם יְהֹוָה אֱלֹהֵינוּ עָלֵינוּ וּמַעֲשֵׂה יָדֵינוּ כּוֹנְנָה עָלֵינוּ וּמַעֲשֵׂה
יָדֵינוּ כּוֹנְנֵהוּ.

בָּרוּךְ ה׳ לְעוֹלָם אָמֵן וְאָמֵן, נָצַח, סֶלָה, וָעַד.

<u>שער א' ענף א'</u>

בענין תכלית הכוונה של בריאת העולמות נבאר עתה ב' חקירות שנתעסקו בהם המקובלים. החקירה הראשונה הוא מה שחקרו חכמים ראשונים ואחרונים לדעת סיבת בריאת העולמות לאיזה סיבה היתה ונמנו וגמרו וגזרו אומר כי סיבת הדבר היה לפי שהנה הוא יתברך מוכרח שיהיה שלם בכל פעולותיו וכוחותיו ובכל שמותיו של גדולה ומעלה וכבוד ואם לא היה מוציא פעולותיו וכוחותיו לידי פועל ומעשה לא היה כביכול נקרא שלם לא בפעולותיו ולא בשמותיו כי הנה השם הגדול שהוא בן ד' אותיות הוי"ה נקרא כן על הורלאות הווייותו הנצחית וקיומו לעד היה הוה ויהיה טרם הבריאה ובזמן קיום הבריאה ואחרי התהפכו אל מה שהיה. ואם לא נבראו העולמות וכל אשר בהם לא יוכל לירלאות אמיתת הורלאת הווייותו יתברך הנצחית בעבר והוה ועתיד ולא יהיה נקרא בשם הוי"ה כנ"ל. וכן שם אדנ"ות נקרא כן על הורלאת אדנות היות לו עבדים והוא אדון עליהם ואם לא היה לו נבראים לא יוכל ליקרא בשם אדון ועד"ז בשאר שמות כולם וכן בענין הכינויים כגון רחום וחנון ארך אפים לא יקרא על שמם זולת בהיות נבראים בעולם שיקראו לו ארך אפים וכיוצא בזה בשאר הכינוים כולם. אמנם בהיות העולמות נבראים אז יראו פעולותיו וכוחותיו יתברך לידי פועל ויהיה נקרא שלם בכל מיני פעולותיו וכוחותיו וגם יהיה שלם בכל השמות וכינוים בלתי שום חסרון כלל ח"ו. וענין טעם זה נתבאר היטב בס"ה פ' פנחס דרנ"ז ע"ב וז"ל פקודא תליסר וכו' דא ק"ש וראית למנדע מקרי חכם בכל מיני חכמות ומבין בכל מיני תבונות וכו' אלא קודם דברא עלמא מתקרי בכל מילין דרגין ע"ש דהוו עתידין להתברלאות דאי לאו הויין בריין בעלמא אמאי מתקרי רחום דיין אלא ע"ש בריין דעתידין וכו' ובפ' בא דמ"ב וז"ל דאי לא לאו מתפשט נהוריה על כל בריין איך ישתמודעון ליה ואיך יתקיים מלא כל הארץ כבודו.

החקירה ב' היא קרובה אל שאלת מה למעלה ומה למטה מה לפנים ומה לאחור במס' חגיגה פ' אין דורשין והנה להיות השאלה זו עמוקה מאד אשר כמעט מסתכן האדם בהעמיקו הסתכלותו בחקירה זו. וענינו כאשר הזכירו חז"ל במשנה הנ"ל כל המסתכל בד' דברים אלו ראוי לו שלא בא לעולם [מה למעלה מה למטה מה לפנים מה לאחור וכל שלא חס על כבוד קונו ראוי לו שלא בא לעולם]. וע"כ לא נוכל להרחיב ולהעמיק בחקירתם. אמנם נבאר בע"ה ראשי פרקים כמאיץ מן החרכים בלתי הסתכלות בדברים העמוקים והמשכיל על דברינו אלה ימצא טוב טעם ודעת אם יבינהו. והנה ענין החקירה הזאת אשר שואלים למה בריאת עוה"ז היה בזמן שהיה ולא קודם או אח"כ. ולכן צריך שתדע את אשר נבאר בחיבורינו. והוא כי הנה נודע כי האור העליון למעלה עד אין קץ הנקרא א"ס שמו מוכיח עליו שאין בו שום תפיסה לא במחשבה ולא בהרהור כלל ועיקר. והוא מופשט ומובדל מכל מחשבות והוא קודם אל כל הנאצלים והנבראים והיולים והנעשים ולא היה בו זמן התחלה ולראשית כי תמיד הוא נמצא וקיים לעד ואין בו ראש וסוף כלל. והנה מן הא"ס נשתלשל אח"כ מליאות המאור הגדול הנקרא א"ק לכל הקדומים כמ"ש בענף ג'. ואח"כ נשתלשלו ממנו האורות הנתלין בא"ק הנה הם מורות רבים היולאים מתוכו ומאירין חוזה לו. מהם תלויין ממוחו ומהם מגולגלתא ומהם מעיניו ומהם מאזניו ומהם מחוטמו ומהם מפיו ומהם ממצחו חוזה לו ומהם סביבות גופו שהוא בחי' ז' תחתונים שלו ובסביבותיהם אורות רבים מאירים ונתלים בהם הנקרא עולם הנקודים ואח"כ נשתלשלו ממנו ד' עולמות אבי"ע הידועים ומפורסמים כנזכר בזוהר ובתיקונים. ואמנם מליאות א"ק הזה ומכ"ש שאר עולמות שתחתיו כנ"ל היה להם ראש וסוף והיה להם זמן התחלת הווייתן ואצילותן משא"כ בא"ס הנ"ל. והנה מן העת וזמן אשר התחיל התפשטות והשתלשלות האורות והעולמות הנ"ל מאז התחיל הוויית

הנבראים כולם זה אח"ז עד שבא הדבר אל המציאות אשר הוא עתה וכפי סדר ההתפשטות
וההשתלשלות כסדר הזמנים זה אח"ז כך נעשה ולא היה אפשר להקדים או לאחר בריאת עוה"ז כי כל
עולם ועולם נברא אחר בריאת עולם שלמעלה ממנו וכל העולמות היו נבראים ומתפשטים
ומשתלשלים והולכים זה תחת זה בזמנים שונים ומאוחרים זא"ז עד שהגיע זמן בריאת עוה"ז ואז נברא
בזמן הראוי לו אחר בריאת העולמות העליונים אשר עליו ודי בזה כי לא נוכל להרחיב ולהעמיק ביאור
זה הענין ככל הצורך ואיך וכמה ומתי.

[21 ד"י א ע"א]

דרוש עֲגוּלִים וְיוֹשֶׁר וּבוֹ חֲמִשָּׁה עֲנָפִים

עָנָף א'

דרוש זה מקורו מספר אדם ישר וצריך לכתוב מ"ב בראש הדרוש.

דרושים בשער זה ובענף זה הם דרושים שהרב ז"ל הורשה לגלות בענין הא"ס, צמצום, חלל, הקו, עגולים ויושר.

כתב הרב כרם שלמה[16] – תחילת הכל מי שחשקה נפשו להדבק בעץ החיים, אחר שמילא כרסו בהש"ס ובפוסקים צריך להתחיל וללמוד מן הענף הראשון של היכל הראשון. והוא נקרא היכל אדם קדמון ויתחיל מדבור המתחיל[17] **בעניין תכלית הכוונה של בריאת העולמות נבאר עתה ב' חקירות וכו'**. ומה שהוצרכתי לזה, כי רבים נכשלים ומתחילים ללמוד מתחילת שער הכללים, שהוא מונח בתחילת עץ החיים, שהוא מתחיל כך **כשעלה ברצונו יתברך שמו לברוא העולם וכו'**, ואחר שלומדים ממנו פרק אחד או חצי פרק, רואים עצמם שאינם מבינים ממנו כלום, ועוזבים אותו מיד, מפני שהוא קשה ההבנה, כי זה שער הכללים צריך ללמוד אותו אחר סיום כל עץ החיים, וזה השער הוא סיום כידוע. ולכן צריך המתחיל להתחיל מענף הראשון של דרוש עגולים ויושר, כמו שכתוב למעלה והוא ד"ה – בעניין תכלית הכוונה של בריאת העולמות, והוא בדפוס החדש של וארא שא בדף י"א, וזהו מפתח גדול למתחילים.

הרב ז"ל לא מגלה כאן את כל כוונות והסיבות לבריאת העולמות, ובמקומות אחרים אין מספר הרב ז"ל מגלה טפח ומסתיר אלפים אמה. ואין ראוי לפרש אותם כאן בענף הראשון. בדרך כלל הרב ז"ל לא מתעסק **בחקירות פילוסופיות,** לכן רבינו הרש"ש שכתב הגהות ופירוש[18] לעץ חיים לא יתעסק בסוגיות של חקירה, גם הרב יפה שעה[19] יתחיל את פירושו מפרק ג' ואלה. **עוד צריך לדעת** כי אף על פי שמשתמע מעצמות בריאת העולמות, כי הא"ס רחוק בתכלית

16

רבי סלמאן אליהו – מתלמידי הבן איש חי מבגדד, למד בישיבת המקובלים "רחובות הנהר" שבשכונת הבוכרים. הרב סלמאן אליהו נמנה עם בכירי תלמידיו של ראש הישיבה רבי שאול דויק הכהן הנקרא השד"ה זצ"ל, בעל הספר איפה שלימה, כאשר השד"ה העיד על רבי סלמאן אליהו לפני מותו שהוא הסמכות הגבוהה בהוראת תורת הנסתר בישיבה, מעתה ואילך תהיה הישיבה בידיו. הרב כתב את הספר כרם שלמה – המפרש את העץ חיים של הרב חיים ויטאל, היום נמצא בדפוס פרושו הנפלא משער א' עד שער כ', כאשר שאר חלקי הפירוש נגנבו מבית הרב בעת ההלויה שלו. רבי סלמאן נחשב לאחד מגדולי המקובלים ומפרש כקלסי לספר ע"ח, למד יחד עם רבנים רבי יהודה פתיה ורבי יעקב חיים סופר ועוד. בין תלמידיו היה רבי יצחק כדורי, הרב סלמאן מוצפי, רבי אפרים הכהן, ועוד גדולי המקובלים בדור ההוא, זכרון כולם לחיי העולם הבא, וזכותם תגן על כל בית ישראל.

17

ע"ח שער הכללים ד"ה ע"א – כשעלה ברצונו יתברך שמו לברוא את העולם, כדי להיטיב לברואיו, ויכירו גדולתו, ויזכו להיות מרכבה למעלה להדבק בו יתברך, האציל נקודה אחת הכלולה מעשר (והם עשרה ספירות של העקודים שהיו בכלי אחד), ולא היו נראים. דרך משל האדם מורכב מארבע יסודות, ואינם ניכרים בו כל אחד ואחד בפני עצמו. וכן העניין בכאן, נקודה זו היתה כלולה מעשר בתחילת אצילותה, וזו היא למעלה מן הכתר [שהוא] עתה, כי משם שואבים כל העשר ספירות שפע וחיות מנקודה זו.
כלל – לא מדברים בא"ס מצד עצמותו, אלה רק מבחינת רצונו.

18

אח"י – הרב שלום שרעבי, פרוש השמ"ש על עץ חיים, ובסוף ספר עץ חיים דשנת עת"ר יש את הקדמת רחובות הנהר, וספר נהר שלום.

19

אח"י – הרב שלמה בן יהודה הכהן, כתב פרוש נפלא לספר עץ חיים הנקרא יפה שעה, נמצא בתוך ספר ע"ח.

הרחוק מהעולמות התחתונים, ורחוק ממנו מרחק רב, והאדם יכול לטעות ולחשוב מי אני, שהקדוש ברוך הוא ישמע לי ויעשה רצוני, **דע**[20] כי אפילו שהקדוש ברוך הוא **נראה רחוק**, עם[21] כל זאת **אין קרוב ממנו** לנבראים.

[22]**בענין** תכלית הכוונה שֶׁל בריאת העולמות למה[23] בכלל נבראו העולמות **נבאר עתה שתי זכירות,** גם הרב ז"ל מקצר בחקירות אלו, ורק מביא את החקירות **שֶׁנִּתְעַסְּקוּ בהם המקובלים.**

הזכירה הראשונה, לא גורסים **הוא** אלא צריך לגרוס **היא מה שֶׁזָּכְרוּ זֶכְמים ראשונים ואחרונים, לדעת** מה **סיבת בריאת העולמות, לאיזה סיבה הָיתה,** ומה הסיבה האמתית שנבראו העולמות, למה בכלל היה צריך המאציל לברוא את העולמות, שאלה זאת היא שאלה עמוקה, ויתעסקו בה גדולי החוקרים.

הרי פשוט הדבר שהא"ס ב"ה פועל מתוך רצון, ומאחר שרצה וברא את העולמות בוודאי היתה לו סיבה בדבר, ופשוט הוא כי הסיבה היתה נכבדה ויקרה, כי פעולות השלם הם שלמות, והשאלה היא אם הוא שלם בתכלית השלמות לפני הבריאה, איך שייך להוסיף שלמות לשלמותו על ידי הבריאה, ומה היא תכלית הבריאה. הבל"י מבאר לקמן כי הכוונת הבריאה היתה[24] **לברר את העולמות.**

הלשון **נמנו וגמרו** הוא לשון הגמרא, כלומר כאשר בית דין היה דן, היו נמנים ר"ל סופרים, לראות כמה דינים דנו לחובה, וכמה לזכות, וזה נקרא נמנו. דעת רוב הרבנים היתה צריכה להתקבל על דעת המיעוט, לכן הדינים שנמצאים בדעת מעוט מבטלים את דעתם, ומסכימים עם הרוב. גמרו - כל הדינים דנים ופוסקים כדעת הרוב, בסוד[25] יחיד ורבים

20

גמרא ירושלמי פרק ט' דנ"ו ע"א – דאמר רבי פינחס בשם רב יהודה בר סימון, עבודה זרה נראית קרובה ואינה רחוקה. מה טעמא, ישאוהו על כתף יסבלוהו וגו', סוף דבר אלוהו עמו בבית, והוא צועק עד שימות, ולא ישמע ולא יושיע מצרתו. אבל הקדוש ברוך הוא **נראה רחוק, ואין קרוב ממנו**..... ראה כמה הוא גבוה מעולמו, ואדם נכנס לבית הכנסת, ועומד אחורי העמוד, ומתפלל בלחישה, והקדוש ברוך הוא מאזין את תפילתו. שנאמר - והנה היא מדברת על לבה רק שפתיה נעות וקולה לא ישמע, והאזין הקדוש ברוך הוא את תפילתה. וכן כל כל ברייותיו, שנאמר - תפילה לעני כי יעטף, כאדם המשיח באוזן חבירו, והוא שומע. וכי יש לך אלו"ה קרוב מזה, שהוא קרוב לבריותיו כפה לאוזן.

21

תהילים קמ"ה י"ח – קרוב הוי"ה לכל קראיו לכל אשר יקראהו באמת.

22

הגהות וביאורים (א) – עיין שער ההקדמות הקדמה ג', כתב יד מדברי שלום.

23

כרם שלמה – מה שכתב הרב ז"ל תכלית הכוונה לסיבה זאת להוציא כוחותיו אל הפועל ולהקרא בשמותיו וכו', ופרושה הוא עיקר הכוונה מכלל דאיכא עוד.

24

מבוא שערים ש"ב ח"ב פ"ב ד"ה ע"ד – והתשובה לזה, כאשר כבר נתבאר בהקדמת מבוא שערים, כי השתלשלות כל אלו העולמות, היה סיבת התיקון, לברר הפסולת מתוך האוכל, ואי אפשר להיות זה הבירור, זולת על ידי הרחק וההשתלשלות, ובכל העולם מתחדש בירור נוסף על חבירו, וגילוי החומר והפסולת, כמו שכתוב בריש שער ב'. ונמצא כי בעולם הנקודים היה גילוי גמור אל הפסולת, כי על ידי מיתת המלכים האלו, וחזרה ליתקן, נברר האוכל מתוך הפסולת, כי ירדו הכלים במיתתם בעולם הבריאה, ונשאר שם הפסולת, ובעת התיקון הוברר האוכל ועלה למעלה באצילות.

25

הלכה כרבים, וכן נפסק להלכה ברמב"ם[26] ושלחן ערוך[27]. גם בענין תכלית הבריאה היו דעות שונות ומחלוקת בין המקובלים בכל הדורות, לסיבת תכלית אצילות ובריאת העולמות, גם כאן חכמי הקבלה ביטלו דעת המיעוט את דעתם לדעת הרוב, לכן הרב ז"ל כותב נמנו וגמרו, ר"ל גם חכמי הקבלה נמנו וגמרו וגזרו.

וְנִמְנוּ[28] וְגָמְרוּ שהוא לשון הגמרא[29] **וְגָזְרוּ אוֹמֵר, כִּי סִיבַּת הַדָּבָר** לבריאת העולמות **הָיָה לְפִי שֶׁהִנֵּה הוּא יתברך** על פי חוק שלומותו **מוּכְרָז שֶׁיִּהְיֶה שָׁלֵם** בפועל ומעשה **בְּכֹל**

גמרא כתובות דכ"א ע"א – אמר רבי יהודה, אמר שמואל הלכה כדברי חכמים. פשיטא, **יחיד ורבים הלכה כרבים.**

גמרא יומא דל"ו ע"ב – אמר רבה בר שמואל, אמר רב, הלכה כדברי חכמים, פשיטא, יחיד ורבים הלכה כרבים.
26

רמב"ם, הלכות סנהדרין והעונשין המסורין להם פרק ח' הלכה א' – בית דין שנחלקו, מקצתם אומרים זכאי, ומקצתם אומרים חייב, **הולכין אחר הרוב,** וזו מצות עשה של תורה שנאמר - **אחרי רבים להטות.** במה דברים אמורים בדיני ממונות, ובשאר דיני אסור ומותר, וטמא וטהור, וכיוצא בהן. אבל בדיני נפשות, אם נחלקו בזה, החוטא אם יהרג או לא יהרג, אם היו הרוב מזכים, זכאי, ואם היו הרוב מחייבין, אינו נהרג עד שיהיו המחייבין יתר על המזכים שנים. מפי השמועה למדו שעל זה הזהירה תורה ואמרה - לא תהיה אחרי רבים לרעות. כלומר, אם הרוב נוטים לרעה להרוג, לא תהיה אחריהם, עד שיטו הטייה גדולה, ויוסיפו המחייבין שנים, שנאמר לנטות, **אחרי רבים להטות.** הטייתך לטובה, על פי אחד. לרעה, על פי שנים. וכל אלו הדברים קבלה הם.
27

שלחן ערוך, חושן משפט כ"ה סעיף ב' – טעה בשיקול הדעת, כגון דבר שהיא מחלוקת תנאים או אמוראים, ולא נפסקה ההלכה כאחד מהם בפירוש, ועשה כאחד מהם, ולא ידע שכבר פשט המעשה בכל העולם כדברי האחד, אם היה זה דיין מומחה, ונטל רשות מריש גלותא, או שלא נטל רשות, אבל קבלו אותו בעלי דינים עליהם, הואיל והוא מומחה חוזר הדין, ואם אי אפשר להחזיר פטור מלשלם. **הגה** - ושלוש הדיוטות דינם כיחיד מומחה, ועיין לעיל סוף סימן ג' כיצד נטילת רשות מן המלך מהני. ולא יאמר האדם אפסוק כמי שארצה בדבר שיש בו מחלוקת, ואם עושה כן הרי זה דין שקר, אלא אם הוא חכם גדול, ויודע להכריע בראיות, הרשות בידו, ואי לאו בר הכי הוא, לא יוציא ממון מספק, דכל היכא דאיכא ספיקא דדינא, אין מוציאין ממון מיד המוחזק (טור). ואם הוא בהוראות איסור והיתר, והוא דבר איסור דאורייתא, ילך לחומרא. ואי דבר דרבנן, ילך אחר המיקל, ודוקא אם שנים החולקים הן שוין, אבל אין סומכין על דברי קטן נגד דברי גדול ממנו בחכמה ובמנין, אפילו בשעת הדחק, אלא אם כן היה גם כן הפסד מרובה. **וכן אם היה יחיד, נגד רבים, הולכים אחר רבים, בכל מקום** (תשובות הרשב"א סי' רנ"ג), ואפילו אין הרבים מסכימים מטעם אחד, אלא כל אחד יש לו טעם בפני עצמו, הואיל והם מסכימים לענין הדין, **מיקרי רבים, ואזלינן בתרייהו** (מהרי"ק שורש מ"א). ואם היה מנהג בעיר להקל, מפני שחכם אחד הורה להם כך, הולכין אחר דעתו, ואם חכם אחר בא לאסור מה שהם מתירין, נהוג בו איסור (תשובות הרשב"א סי' רנ"ג). כל מקום שדברי הראשונים כתובים על ספר, והם מפורסמים, והפוסקים האחרונים חולקים עליהם, כמו שלפעמים הפוסקים חולקים על הגאונים, הולכים אחר האחרונים, דהלכה כבתראי מאביי ורבא ואילך (מהרי"ק שורש פ"ד). אבל אם נמצא לפעמים תשובת גאון, ולא עלה זכרונו על ספר, ונמצאו אחרים חולקים עליו, אין צריכים לפסוק כדברי האחרונים, שאפשר שלא ידעו דברי הגאון, ואי הוי שמיע להו, הוי הדרי בהו (מהרי"ק שורש צ"ו).
28

בית לחם יהודה ש"א פ"א ד"ג ע"א – ונמנו וגמרו וכו', וכן הסכים גם כן רז"ל כמו שכתב בענף ב', ובפרק א' דשער ט"ל, ונראה שיש טעם אחר לרב ז"ל, והוא נזכר במבוא שערים ד"א סוף ע"ב, שכתב כי כל **כוונת אצילות העולמות היה כדי לברר העולמות וכו'**, וכך כתב אחר כך שם בע"ג, וז"ל - ועל כן היה הקו הזה דק וצר מאוד, כשעור ומידה הצריך אל הנאצלים, ויתבררו הסיגים, כי זו היתה תכלית כוונת המאציל, כנזכר לעיל, עד כאן לשונו. דמלשון זה מבואר כי עיקר בריאת העולמות הוא כדי להקרא רחום וחנון וכו', ודלא כמו שכתב הרב דברי שלום דף ע' סוף ע"ג, יעו"ש.

פְעוּלוֹתָיו, וְכוֵוֹזוֹתָיו, וּבְכָל שְׁמוֹתָיו, שֶׁל גְּדוֹלֹה וּמַעֲלֹה וְכָבוֹד, ושאלה וכי הוא לא היה שלם לפני בריאת העולמות, הרי הוא שלם בתכלית השלמות גם לפני שברא את העולמות, **וְעוֹד** האם[30] היה שינוי ח"ו במאציל לפני שהאציל העולמות לאחר שהאציל את העולמות, הרי כתוב[31] אני הוי"ה לא[32] שניתי, ולפי מה שמובן כאן ח"ו כי היה שינוי מלפני שהאציל לאחר שהאציל, וגם מובן מכאן כי אם לא היה בורא את העולמות המאציל לא היה נקרא המאציל שלם, **וְאִם לֹא הָיָה מוֹצִיא פְעוּלוֹתָיו וְכוֵוֹזוֹתָיו לִידֵי פּוֹעַל** על ידי בריאת העולמות, **וּמַעֲשֶׂה** מפני שאין[33] מלך בלי עם, ואם אין לו עם, אך יקרא מלך, ורק דרך הברואים היה יכול להראות כוחו בפועל ולא רק בכח. **בְּעוֹמֶק** דברי הרב ז"ל, הסיבה[34] לבריאת העולמות היא, כדי לברר את העולמות.•

יש שלשה זמנים בתהליך אצילות העולמות, וזה נקרא זמן שבאין זמן, כלומר עד יציאת שם מ"ה החדש וחיבורו עם שם ב"ן, והגימטריא של שני השמות אלו הוא **זמן**, לא לשייך לשון זמן בתהליך אצילות העולמות. אבל כדי לשכך את האוזן,

---

²⁹

גמרא קדושין דנ"ג ע"א – נמנו וגמרו המקדש בחלקו בין קדשי קדשים ובין קדשים קלים, לא קידש, ורב אמר עדיין היא מחלוקת.
רש"י מפרש - נמנו וגמרו. למנין ורבו האומרים אינה מקודשת ובטלו המועטים וחזרו בהם וגמרו לומר אינה מקודשת.
³⁰

אדיר במרום לרמח"ל דנ"ט ע"ב – כבר אמרתי עצמות בעל הרצון, או הרצון שהשכל אחד, כי הלא הנשמה חושבת מה שהיא רוצה, איננו מושג לנו כלל, רק פעולת הרצון אחר שרצתה היא, והוא הקרוב אלינו להיות מושג ממנו. **אך זה תדע כי לא היה שום שינוי ח"ו במאציל יתברך בהאצילו**, אלא גילוי כח לפעול שרצה לגלות. **ונמצא שרצון קדום בו, כי הוא אחד עם עצמותו הפשוט ובלתי מושג**, ועל כן כשאנחנו מזכירים א"ס יתברך, אנו מזכירין המאציל יתברך מצד מה שהוא רוצה, שלבחינת רצון זה נקרא בשם א"ס, והבן מאוד. והרצון הזה מצד מה שהוא רוצה, פירוש כח הרצון **אין בו שינוי, קודם שרצה, ואחר שרצה**, כי הוא אחד, רק מה שרצה הוא מחודש.
³¹

מלאכי ג' ו' – כי אני הוי"ה לא שניתי ואתם בני יעקב לא כליתם.
³²

דרך מצותיך לצמח צדק, ספר המצות, מצות האמנת אלקות נ' ב' – אף על פי כן נאמין גם כן, **שהוא בעצמותו אין בו שינוי, והתפעלות גם כן**, כדכתיב אני הוי"ה לא שניתי, שזהו מעקרי האמונה. גם כן להאמין באחדותו הפשוטה כנזכר לעיל, ואין סותרים זה את זה, כמו שהתבאר היטב דבריו ז"ל שם, ובשער א' פרק ח'. ועל פי הבנה זו יש להבין איך אין שום שינוי במאציל יתברך, מהשתנות הפעולות, והרי במשל כשהאומן עושה מלאכה בכלי אומנתו, יש בו התפעלות, בהכרח לצמצם עצמו במלאכה זו, וכשעוסק במלאכה אחרת על ידי כלי אומנות אחרת, משתנה לצמצם עצמו כענין מלאכה ההיא. ואיך הוא למעלה שהוא יתברך הפועל, ואף על פי כן אינו משתנה, כדכתיב לא שניתי כו'.
³³

תניא, שער היחוד והאמונה פרק ז' דפ"א ע"ב – הנה הוא ידוע לכל כי תכלית בריאת העולם הוא בשביל התגלות מלכותו יתברך **דאין מלך בלא עם**. פירוש עם, מלשון עוממות, שהם דברים נפרדים וזרים ורחוקים ממעלת המלך, כי אילו אפילו היו לו בנים רבים מאד, לא שייך שם מלוכה עליהם, וכן אפילו על שרים לבדם, רק ברוב עם דווקא הדרת מלך, ושם המורה על מדת מלכותו יתברך הוא שם אדנו"ת, כי הוא אדון כל הארץ. ונמצא כי מדה זו ושם זה הן המהוין ומקיימין העולם, להיות עולם כמות שהוא עכשיו, יש גמור ודבר נפרד בפני עצמו.
³⁴

מבוא שערים ש"א פ"א ד"א ע"ב – והנה גם הצימצום הזה היה דין, נקרא מקלקל על מנת לתקן, כי היה בהכרח להתגלות שורש הדין אז תחלה, **כי כל כוונת האצילות העולמות היה לברר העולמות**, כנזכר במבוא שערים. והנה זה היה הצימצום הראשון של האצילות כל העולמות.

חייבים אנחנו בכל תהליך אצילות העולמות להשתמש במוסג שנקרא זמן. לכן אנו מבחינים בשלושה זמנים, חוץ מבחינת העצמות הבורא שאין לנו שום יכולת להרהר בה.

א – **לפני שעלה ברצונו לברוא את העולמות**, אז היתה מציאות פשוטה הכל אור אין סוף ב"ה, הכל באחדות פשוטה, ואין לנו אפשרות וכלים לחקור ולדעת בחינה זאת.

ב – **שעלה ברצונו שרצה לברוא את העולמות**, ברצון שאין בו לא חסרון, כל התוכניות של בריאת העולמות עם כל המלאכים והברואים ועם ישראל נכמסה במחשבתו של המאציל ב"ה, שהיא מחשבה לא מורכבת באחדות שאי אפשר להבין, ובחינה[35] זאת נקראת **עשר ספירות הכמוסות בעצמותו יתברך**, בשלב זה נקרא הקדוש ברוך הוא מלך, רחום, חנון וכו', וכל זה בכח ולא בפועל.

ג – **יציאה מהכח אל הפועל** שהיא בריאת העולמות, והנהגתם.

יוצא מזה, שהרב ז"ל בדרוש זה מדבר **מן הבחינה השנייה שהיא כשעלה ברצונו**, אז הוצרך להוציא פעולותיו מהכח אל הפועל.

ולא היה כביכול בערכנו **נקרא שלם**, הבורא יתברך **שלם**, ונראה שיש בו ח"ו חסרון, ואם אין אף אחד שיקרא לו שלם, אז יש בו חסרון, כמובן שלא. הבורא יתברך לא צריך את הברואים, **לא בפעולותיו, ולא בשמותיו**, ולא **וכינויו**, כיון שכל שמותיו ותוארו של הבורא הם היחס אל המקבלים שהם הנאצלים, ואם אין נבראים בפועל, אין משמעות לשמותיו. הרב ז"ל כותב שלוש בחינות שהם – **שמותיי, כינוייי, כחותיי**.

למה צריך לדעת שבורא יתברך שלם, למה הבורא צריך לברוא את העולם. הרי אחד מעיקרי העקרים – הבורא יתברך הוא בתכלית השלמות, יש כאן שאלה עמוקה שמקור שלה נמצא בפרקי דרבי אליעזר[36], עד שלא נברא העולם היה הוא ושמו[37], ושמו[38] רומז לרצונו, ר"ל שמ"ו הוא בגימטריא רצו"ן.

35

שומר אמונים, ויכוח ראשון נ"ה די"ט י"ב – כי הנה המקובלים כשבאו לדבר מהתחלת המצאת הנמצאות, ואיך האציל הא"ס את הספירות, הקדימו בתחילת דבריהם **כי קדם מפעליו מאז היו בספירות כמוסות בעצמותו**. ואחר כך האצילם. וקיצור דבריהם אלה לא יספיקו אל הפתי הנעדר מהחכמה להבין כוונתם, ויתקשה בהם כמו שהוקשה לך. אבל אני אפרש לך כוונתם, בהקדים משל גופני שהביא אותו הפרדס, בשער ה' פרק ד' בדברו על ענין זה, וז"ל - ונמשל משל נאה. אל אבן החלמיש, שמוציאין ממנה האש על ידי הכאת הברזל בה, שלא יצדק לומר שהאש ההוא ממש היה בתוך האבן, והיה האבן מחלק לריבוי החלקים, כפי חלקי הניצוצים הנתזים ממנה, זה ודאי לא יישפט בשכל המשכיל. אלא האש ההוא נעלם בתוך האבן, ומיוחד בה באופן שאין בין האבן והאש שבתוכה חלוק ופרוד כלל. כן הדבר בעצם האלהו"ת הפשוט, קודם התפשטו לנהל התחתונים, היו הספירות מתייחדים איש באחיו, **וכולם מיוחדים בעצמותו** וכו'.

36

פרקי דרבי אליעזר פרק ג' – עד שלא נברא העולם, היה הקדוש ברוך הוא ושמו הגדול בלבד.

37

אח"י (כלל) – שם או שמו הוא כינוי למלכות.

38

שערי גן עדן, פתח ב' דרך א', בו יתבאר טעם לשם אין סוף ד"ב ע"ב - תחילת דבר הוי"ה בעיונים העליונים, לפי סדר הלימוד הראוי ברומו של עולם, לשלול ממנו שום תואר להעלימו של המאיר לעולם כולו בכבודו, הוא בעל הרצון שמו על כל ברכה ותהילה. ועד והתבונן מה שאנחנו אומרים בכל מקום יתברך שמו, כוונתנו היינו רצונו, **כי רצו"ן הוא שמ"ו במספר שווה**. כי בעל הרצון אי אפשר לומר כי הוא עצמו מקור הברכה, ולא הרשינו להתבונן בו כלל ועיקר, רק דעת אותו אמונת אומן. בחינב מציאותו באימה ויראה, ברתת וזיע, כי מלכותו בכל משלה, **ולא יצדק בו שום שם אפילו השם הגדול שאינו נהגה**, וקל וחומר שארי שמות וכינויים. לפיכך אין לנו אצל בעל הרצון ישתבח שמו בפי כל ברואיו, אלא בכל הברכות והההודאות ובכל העיונים והכוונות מוקטר ומוגש לשמו דייקא, ולו דומיה תהילה, כי הוא מקור הברכה, החיים והחסד, לא ישתנה לעולם. והרצון שהוא שמו, הוא הברכה, חיים, והחסד, והוא אורו המתפשט ממנו לאין סוף, והוא מתברך מן המקור, ולזה הרצון אין לכנותו גם כן בשום תואר לרוב היעלמו, כי הוא דבוק

מלשון הרב ז"ל משמע שלכאורה הקדוש ברוך הוא לא היה שלם, והרי נתבאר שהקדוש ברוך הוא שלם בכל השלמות, וגם אם לא היה מוציא את הפעולות מן הכח אל הפועל, היה נשאר שלם, ואם כן הרב ז"ל לא ענה על שאלת סיבת בריאת העולמות. האמת היא כי יש שתי בחינות של רצון, האחת היא רצון בגלל שיש חסרון, והאחת **רצון פשוט בלי חסרון**, ואצילות העולמות היתה ברצון שבלי חיסרון. כלומר למאציל העליון לא היה שום חסרון, ושהוא צריך את הברואים כדי להיות שלם, אלא כל הבריאה היא לא מצד חסרון ח"ו במאציל, אלא רצון פשוט בלי חסרון להטיב לנבראים, רצונו של המאציל יתברך שמו הוא רק טוב[39] ולהטיב לנבראים. עוד סיבה[40] לכוונת אצילות העולמות היתה כדי לברר את הטוב מהרע שבעולמות הנאצלים.

עם המקור ולכן אין לכנותו כי אם בשם - **אין סוף, שהוא או"ר במספר שווה**. וזה האור מתפשט לאין סוף והוא ושמו אחד כי רצונו דבוק בו ומתייחד עמו באחדות גמור ואמתי, שאין שום אחדות פנים כמוהו לא כאחד המנוי ולא כאחד בשיתוף כמו שיתבאר בריש השער של שערי האותיות. **אבל הוא ושמו אחד ואין יחידות כמוהו**. ובאלה הדברים הותרה השאלה שאנו קורין בשם אין סוף, ולא בשם אין ראשית. ואם יש לך לב משכיל אז תצליח, ואז תשכיל, **ותבין דבר מתוך דבר**, כי כאן אסור להרחיב הביאור, והבן היטיב, דום להוי"ה והתחולל לו.

39

שומר אמונים, ויכוח שני י"ג דל"ה ע"ב – כוונת האר"י זלה"ה היא לומר   דתכלית הבריאה היתה כדי להיטיב לזולתו, כי להיות שהא"ס הוא הטוב המוחלט, אשר ההטבה דבר עצמי לו, לכן ברא העולמות כדי להיטיב ולהועיל לזולתו, ולפי שעדיין יש לשאול אי ימנא מהחלוקה אם בהגעת התועלת לזולתו היה לו תועלת, אם כן הועיל לעצמו בהועילו לזולתו והיה זה אם כן חסר, והבריאה משלמת אותו. ואם לא היה לו תועלת בהועילו לזולתו, שבכך השאלה למה אם כן הועיל וברא העולמות. לזה ביאר האר"י זלה"ה דסיבת הבריאה היתה כדי להיות כביכול נקרא שלם כפועל. ורצינו לומר שלא היתה הבריאה להשיג תועלת ושלמות שהיה חסר ממנו, אלא כדי להוציא לפועל שלמותו. והענין כי התכלית בפועל יאמר בשני פנים, האחד, שפועל להשגת תכלית, שהוא חוץ ממנו כגון המשתדל בפעולותיו להשיג עושר וחכמה, או איזה שלמות שהיה חסר ממנו, ומזה הצד אי אפשר לומר שהיתה תכלית הבריאה, שהרי אין הא"ס חסר שום שלמות כי כל השלמות הם בו, והם עצמו, כלי ריבוי כידוע. ואם כן לא פעל כדי להשיג שלמות שהיה חסר ממנו. והצד השני הוא שתהיינה פעולות הפועל לתכליות טבעו ושלמותו, **כמו איש טוב ונדיב שמטיב לאחרים כפי טבעו הטוב, ולא על מנת לקבל תועלת ושבח**. ומזה הצד הוא שאמר האר"י זלה"ה שהיתה כוונה הבריאה. דהיינו שהא"ס הוא הטוב הגמור, אשר כל השלמות מקובצות וכמוסות בעצמותו הפשוט, קודם הבריאה ואחר הבריאה, בכחו אז באו עתה.

קל"ח פתחי חכמה לרמח"ל פתח ב' – רצונו של המאציל יתברך שמו הוא רק טוב, אי אפשר לומר שרצה הרצון העליון שיוכלו להיות רצונות אחרים, מונעים על ידו באיזה אופן שיהיה. כי הרצון העליון אינו רוצה רק טוב לבד, וזה אינו טוב ודאי, שלא יוכל טובו להתפשט בבריותיו. ואם תאמר, כך הוא טוב, להיטיב לצדיקים כמו להרע לרשעים, ורחמי רשעים אכזרי. הרי כתיב, "וחנותי את אשר אחון" - אף על פי שאינו הגון, וכתיב "יבוקש את עון ישראל ואיננו ואת חטאת יהודה ולא תמצאנה", הרי שרוצה לה חד כפי דרכו, והרשעים צריך להענישם כדי שימחול להם אחר כך. שאם הכוונה היתה לדחות הרשעים, היה להם להיות אובדים ממש, ולא שיהיו נענשים לזכות אותם אחר כך. וזה ראיה ברורה, כי הרי סוף המעשה הוא הכוונה התכליתית בכל חלקי המעשה ההוא. אך סוף המעשה בכל בני אדם, בין צדיקים בין רשעים, הוא לתת להם טוב, אם כן הכוונה התכליתית הוא לתת טוב יטיב גם לרשעים. שמא תאמר, כל זה הוא לאחר אורך הגלות וקבלת עונשם. אשיבך - היא הנותנת, אם כן הרי הרצון העליון מסבב דברים שאחריהם יזכו הכל, שמע מינה שהרצון הוא רק להיטיב ממש, אלא שצריך ללכת עם כל אחד לכל. הרי שהרצון הוא רק טוב לכל.

40

ע"ח שמ"ג פ"א הקדמה להדרוש דצ"ד ע"ד – ונמצא הכלל העולה בקיצור, שהא"ס מקיף כל העולמות בהשואה גמורה, ומצד האחד שהוא הנקרא עתה ראש א"ק, נפתח צינור אחד, ונמשך אור א"ס ביושר מעילא לתתא תוך א"ק כולו, ושם נפסק כולו בסיום אדם הנ"ל. נמצא שהא"ס מאיר בעולמות כולם בב' אופנים מבית ומחוץ. מחוץ הוא סובב כל העולמות, ומבפנים הוא תוך הא"ק הנ"ל, אשר הא"ק זה הוא פנימי, מתלבש בתוך העולמות כולם. ונמצא שפנימיות עולם עשיה בבחינת היושר הוא החיצון הפנימיות שבכל עולמות

כִּי הִנֵּה הַשֵּׁם הַגָּדוֹל שֶׁהוּא בֶּן אַרְבָּעָה אוֹתִיוֹת הנקרא הוי"ה, נִקְרָא כֵן עַל הוֹרָאוֹת הֲוָיוֹתוּ[41] הַנִּצְחִיּת וְקִיּוּמוֹ לָעַד, הוּא הָיָה, הוּא הֹוֶה[42], וְהוּא יִהְיֶה[43], הָיָה - טֶרֶם[44] הַבְּרִיאָה ר"ל עולם המחשבה הנקרא אות יו"ד, שהוא לפני שעלה ברצונו לברוא את הבריאה, לא היה מושג של שם הוי"ה, או שום שם או תואר אחר, רק מציאות פשוטה של האין סוף ב"ה, לכן המושג טרם הבריאה הוא בחינת הזמן השני. שֶׁעָלָה בִּרְצוֹנוֹ - ר"ל[45] כל תכונית הבריאה היתה כמוסה בעצמותו[46]. הוֹוֶה - וּבִזְמַן[47] קִיּוּם

כולם, והעיגולים של העשיה המקיפים על הפנימיותם, שהוא היושר שלהם הם העיגולים היותר פנימית שבכל עיגולי העולמות כולם, נמצא שאור היושר הפנימים של העשיה, הוא יותר רחוק מאור הא"ס הפנימית המתלבש תוך הא"ק, ואור העגולים שעל העשיה הם יותר רחוקים מאור א"ס המקיף כל העולמות. **ובזה תבין גדרי מעלות כל העולמות כסדרן** כי א"ק בין בבחינת הפנימית והיושר שלו, בין בבחינת העגולים שלו, הוא דבוק בא"ס תכלית הדביקות, ואחריו הוא אצילות המתרחק בין בבחינת העגולים, בין בבחינת יושר מא"ס, ואינו יונק אלא על ידי א"ק, וכיוצא בשאר העולמות, עד שנמצא שעולם עשיה הוא תכלית ההרחקה מא"ס, הן מצד הפנימי, הן מצד המקיפים.

41

אח"י (כלל) – השם הגדול שהוא בן ארבעה אותיות הנקרא הוי"ה, נקרא כן על הוראות הוויותו הנצחית, וקיומו לעד, והוא היה, הוה, ויהיה. **היה**, טרם הבריאה. **הוה**, בזמן קיום הבריאה. **ויהיה**, ואחרי התהפכו אל מה שהיה.

42

בית לחם יהודה ש"א פ"א ד"ג ע"א – הוה ויהיה, כי אות הו' דהוי"ה יתחלף ביו"ד באותיות אהו"י, וכן חוה לשון חיה, כי היתה אם כל חי, ועוד אם תנקד אות ו' דהוי"ה בסגול, יהיה משמעו לעתיד.

43

הגהות וביאורים (ב) – עיין בספר דברי שלום ובספר אמת ליעקב (דכ"ג אות ס"ט) דהקשו בשלמא היה היה רמוז באותיות הוי"ה. אבל יהיה היכה רמיזא. ותרצו דברמוז לעתיד לבוא, שיהיה זו"ן במדרגת או"א שהם י"ה, כך יקראו זו"ן. אם כן הרי רמוז היה, הוה, ויהיה, עיין שם. (ולפי מה שכתב הגר"א ז"ל בספרא דצניעותא (ל"ב ד') שעיקר שם הוי"ה הוא יהיה, עיין שם, אין כאן קושיה). אמנם העיקר בזה כמ"ש הגר"א בספר יצירה פ"א משנה ח' אות ג', ובכל מקום כי אותיות היה, הוה, ויהיה, הם אותיות ג' הויו"ת והם הג' הוי"ת דמלך, מלך, ימלוך, שהוא סוד שם י"ב (ה"ר שב"ח).

44

דברי שלום ש"א פ"א דכ"ג ע"ב - טרם הבריאה. ר"ל הוא היה, והטעם שקודם היה העולם במחשבה לבד, ולכך הוא ביו"ד, כנודע שיו"ד הוא מחשבה.

45

שער הפסוקים, ספר ישעיהו דמ"ה ע"א – כה אמר הוי"ה מלך ישראל וגואלו, הוי"ה צבאו"ת אני ראשון ואני אחרון, ודע, כי שם ההוי"ה מתחלף באותיות הקודמות אליהם, והם טדה"ד, (הגהה א"ש, והם כמספר האותיות כ"ב), גם מתחלף באותיות של אחריהם, והם כוז"ו (א"ש, והם ט"ל, כמספר יה"ו דאלפי"ן), והם שני שמות קדושים, ושניהם בגימטריא אנ"י, לרמוז כי אני ראשון ואני אחרון, **היה ויהיה. ושם ההוי"ה באמצע, שהוא הוה.** והכל **אחד יחיד ומיוחד.**

46

ע"ח ח"ב שמ"ב פ"א דפ"ט ע"ב – וביאור הדבר, כי הנה בהכרח הוא שתהיה מידה אמצעי בין המאציל אל הנאצל, כי יש הרחק ביניהן כרחוק השמים מן הארץ, ואיך יאיר זה בזה, ואיך יברא זה את זה, שהם ב' קצוות, אם לא היה דבר ממוצע ביניהן ומחברם, ויהיה בחינה קרובה אל המאציל, וקרובה אל הנאצל. והנה בחינה זו הוא כתר הנקרא תהו, כי אין בו שום יסוד כי על כן אינו נרמז בשם הוי"ה כלל, רק בקוצו של יו"ד, אמנם הוא בחינת אמצעי כנ"ל, והוא כי הנה כתר הוא דוגמת החומר הקודם הנקרא היול"י, שיש בו שורש כל הד' יסודות בכח ולא בפועל, ולכן נקרא תהו, כי הוא מתהא מחשבות בני אדם באמרם הנה אנחנו רואים שאין בו צורה כלל, ועם כל זה אנחנו רואים שהוא נאצל, ויש בו כח הד' צורות. נמצא כי אפשר לקוראו א"ס ומאציל, כמו שהוא דעת קצת המקובלים שהא"ס הוא הכתר, ואפשר לקוראו בשם נאצל, כי ודאי א"ס גדול ממנו, ועל כן

הַבְּרִיאָה שהוא עולם העשיה הנקרא סוד אות ה' דהוי"ה, והוא עת אצילות העולמות[48] שמעל א"ק, ואצילות א"ק ואבי"ע, עד בריאת העולם הגשמי שאנו נמצאים בו. **ויהיה - ואזורי[49] הִתְהַפְּכוּ אֶל מַה שֶׁהָיָה[50]**, ר"ל מה שיהיה לעתיד, בזמן[51] גמר תיקון העולמות, שכל הבריאה תתעלה בשורשה בא"ס, **זמן** זה נקרא יהיה. והוא שבעת

הזהירו בו חכמים במופלא ממך אל תדרוש, אמנם תכלית מה שאנו יכולים לדבר בו הוא, כי הכתר הוא בחינת ממוצע ממאציל ונאצל, והטעם הוא כי הבחינה היותר האחרונה מכל האפשר בא"ס, הוא אשר האציל בחינה אחת אשר בה שורש כל העשר ספירות בהעלם ודקות גדול, שאי אפשר להיות לנאצל יותר דקות ממנו, כי תהו אשר למעלה ממנו, אין עוד זולת האפס המוחלט כנ"ל. ונמצא כי יש בבחינה זו ב' מדרגות, אחד הוא הבחינה היותר תחתונה ושפלה מכל בחינת א"ס, **וכאלו נאמר משל שהוא בחינת מלכות שבמלכות**, ואף על פי שאינו כך, כי אין שם דמות וספירה ח"ו כלל, רק לשכך האזן נדבר כך. **כלל** - אין מדברים על עצמות הבורא, אלא אך ורק על רצונו.
47

דברי שלום ש"א פ"א דכ"ג ע"ב – ובזמן קיום הבריאה. ר"ל הוא הוה, והטעם שהוא עולם המעשה, ועוד שוי"ו הוא עולם המעשה.
48

ע"ח ש"א ענף ד' די"ג ע"ב – ואל יעלה בדעתך כי העשר ספירות הנקרא אצלינו בספר הזוהר עשר ספירות דאצילות, אל תטעה לחשוב שהם יותר ראשונים וגבוהים מכל מה שנאצלו, כי כמה עולמות קדמו עליהם, ולרוב העלמם לא שלחו בהם יד להזכירם בספר הזוהר, אלא ברמז נפלא לנוכח יביטו שלוש מאמרים, מספר התיקונים בענין א"ק לכל הקדומים, כמו שכתוב בע"ה בענף זה. וכאשר כתוב בספר הזוהר פרשת בראשית דף כ"ג, וגם בתיקונים דף קל"ד, וז"ל - תא חזי כמה עולמות אינון סתימין, דאינון מתלבשין, ומתרכבין בספירואן, כו'. וגם מאמר אחד הובא בפרשת נח דף ס"ה, גם בפרשת פקודי דף רכ"ו ע"א, ודף רס"ח ע"ב, וז"ל - אמר רבי שמעון ארימת ידי בצלו לעילא כו', ומרזא דמחשבה עילאה דלתתא כולהו איקרו א"ס, כו'. ואם תשים עיני שכלך לדייק היטב כל המלות המיותרות, והכפולים, והרמזים הנרמזים אל המבין במאמרים הנזכרים לעיל, תפליא ותשתומם בראאותך **כמה מדרגות על מדרגות לאין קץ ומספר קדמו להעשר ספירות**, הנקרא אצלנו בשם עשר ספירות האצילות, והמעיין בחיבורינו זה אם יזכה, **ידע, ויבין, ויעמוד, על מתכונתם**, וכמו שכתוב בענף זה בסוף.
49

דברי שלום ש"א פ"א דכ"ג ע"ב – ואחרי התהפכות. ר"ל הוא יהיה, והטעם שעולם המעשה גם כן חוזר להיות מחשבה כנזכר.
50

בני אהרון על שער הגלגולים לרב שמעון אגסי דף ר"ז – סוד הדבר הוא זה גם זה אינו נקרא שלימות גמור רק לערך מה שלמטה הימינו, אבל לערך מה שלמעלה הימנו נקרא חסר וצריך שלמות אחר יותר מעולה הימינו, וגם בזה יש מציאות שכר ועונש, על זה הדרך מעילוי לעילוי וממדרגה למדרגה עד אין קץ וסוף גבוה מעל גבוה וגבוהים עליהם, לפי שכמה ריבוי מדרגות עד אין קץ ומספר קדמו לעולם האצילות כמ"ש בע"ח ש"א ענף ד' יע"ש. באופן שאינו נקרא שלמות גמור בתכלית עד שישוב כל המציאות הגדול והנורא הזה להדבק ולהיכלל במציאתו למקום שמשם נמצא ומתהווה, **וישובו המים למקורם ושורשם הראשון והנהר לאבוקה, שהוא האין סוף ב"ה** ויתייחדו שם כל פרטי הנמצאים והנאצלים במאצילם בתכלית האחדות כל אחד ואחד למקום מוצאו ושורשו הראשון, ממש של קודם מציאותו ואז יתבטלו ממציאותם, וביטולם זהו עיקר תכלית שלמותם, לפי שחזרו להידבק במקור חיותם בתכלית הדבקות ואחדות , והיה ה' אחד ושמו אחד. **נהר שלום די"ג ע"א ד"ה** – אומנם בערך העצמות ואור הא"ס.
51

דברי שלום ש"א פ"א דכ"ג ע"ב – התהפכות אל מה שהיה. ר"ל **חזרת העולם אל תוהו ובהו**, וכמו שכתב בשער התיקון סוף פרק ג' וז"ל - לעתיד לבוא אשר יתוקן כל בחינת ס"ג, ויחיו כל המלכים, ויתבררו לגמרי, אזי יחזור שם ס"ג לקדמותו ולמעלתו, ושם ס"ג ישלוט ויאיר בעולם, ואז יתבטל שם מ"ה אשר זהו ענין חזרת העולם לתוהו ובהו כנזכר בדברי רז"ל, ובהו ב"ה אשר זהו ענין חזרת העולם לתוהו ובהו בדברי רז"ל, ובהו ב"ה ואז לא יהיה רק שני אורות ע"ב וס"ג בלבד, יעוין שם.

תחילת האצילות יצאו העולמות מהאין ליש, והשתלשלו מעילא לתתא עד העולם הגשמי הזה. ועל ידי למוד התורה, קיום המצות ומעשים טובים של בני ישראל הקדושים, העולמות מתקנים במשך שש אלפי שנה, תיקונם התעלותם מדרגה אחר מדרגה ושובם אל שורשם הוא גמר תיקונם. יוצא מזה שבריאת העולמות היא גילוי היש מהאין, עליית העולמות לשורשם, פירושו ביטול היש וחזרתו לאין. כי תכלית אצילות העולמות היא לחזור הכל להיות אין סוף, בתכלית האחדות, מציאות אין סופית, כמו שהיתה לפני שעלה ברצונו, רק אין לנו מושג כמה זמן זה ייקח, חז"ל המשילו את זה לנצח, אבל גם לנצח יש סוף, מפני שנצח הוא גם נברא, ולכל נברא יש התחלה וסוף, **רק השאלה** מה יהיה עם נשמות ישראל הקדושים, כאשר הכל יחזור להיות א"ס, כמו לפני שעלה ברצונו, מה עם כל העולמות, המלאכים, והנבראים, האם הם ייעלמו, אלא המשל כמו[52] הארון הברית שאינו מן המידה, ונכנס לתוך קודש הקודשים, כך נשמות ישראל, עם כל זאת, כל נאצל יחזור לשורשו בא"ס.

ואם לא נבראו העולמות הרוחניים והגשמים, עליונים ותחתונים **וכל אשר בהם** מהעולמות הא"ס ועד העולם השפל הזה, שכולל את המובחר שבבראוים, שהוא האדם היהודי, **לא יוכל** הא"ס ב"ה **ליראות**[53] בפועל **אמיתת הוראת ההיוותו יתברך הנצחזית בעּבר. והוה, ועתּיד,** כי אם לא נבראו העולמות, והנבראים לא היו יודעים על מציאותו יתברך, שהוא היה, הוה, ויהיה, שעל שם זה נקרא שמו יתברך - הוי"ה, ועל ידי הנמצאים שמקבלים הקדמה זאת, וחוקרים, ויודעים, ולומדים את מציאותו יתברך עד כמה שאפשר, **ולא יהיה נקרא**[54] על ידי הנבראים בפועל **בשם הוי"ה כנזכר לעיל.**

---

[52] **ע"ח ש"י פ"ג מ"ת דמ"ט ע"ב** – ועוד טעם אחר, כי בשם מ"ה לא היה בו מיתה ושבירה כמו שהיה בשם ס"ג עצמו, ועוד טעם שלישי והוא כי אלו בחינת נקודות לבד של ס"ג, אבל המ"ה החדש הוא כולל תנת"א כנזכר לעיל. וכיון שיש בחינת טעמים ודאי שהוא מעולה על הנקודות דס"ג, אבל לא על הטעמים דס"ג. ועוד טעם רביעי כי ס"ג יש בו גרעון גדול עתה, והוא כי עדיין לא הושלם להתברר כנודע, ולכן עתה מ"ה גדול ומעולה ממנו. אבל לעתיד לבוא אשר יתוקן כל בחינת ס"ג, ויחיו כל המלכים, ויתבררו לגמרי בסוד בלע המות לנצח. אז יחזור שם ס"ג לקדמותו ולתועלתו (נ"א ולמעלתו), ושם ס"ג ישלוט ויאיר בעולם, **ואז יתבטל שם מ"ה אשר זהו עניין חזרת העולם לתהו ובהו,** כנזכר בדברי רז"ל לימות המשיח ואז יתבטל מ"ה, ואז לא יהיה רק שני אורות של ע"ב וס"ג, **ודי בזה.**

[53] **גמרא מגילה דף י' ע"ב** – מסורת בידינו מאבותינו מקום ארון אינו מן המידה, תניא נמי הכי ארון שעשה משה יש לו עשר אמות לכל רוח וכתיב ולפני הדביר עשרים אמה אורך וכתיב כנף הכרוב האחד עשר אמות וכנף הכרוב האחד עשר אמות ארון גופיה היכא הוה קאי אלא שמע מינה בנס היה עומד.

[54] **דברי שלום ש"א פ"א דכ"ג ע"א** – הוי"ה ב"ה נקרא על כן על הוראת היותו הנצחיות וקיימת לעד, היה הוי"ה יהי"ה, עד כן. ואם תאמר בשלמא היה רמוז באותיות הוי"ה הוי רמוז באותיות הוי"ה. אבל יהיה היכן רמיזא, ויש לומר דאותיות יהיה הוא רמז לעתיד לבוא. ועיין מה שכתב הרב הקדוש ז"ל בשער מאמרי חז"ל, בתחילת מאמר פסיעותיו של אברהם אבינו ע"ה וכו'. ובליקוטי תורה זכריה ט' על פסוק - ביום ההוא יהיה הוי"ה אחד וכו', שכתב וז"ל - כי עתה בגלות נקראים זו"ן דודים, ואו"א ריעים, כי או"א לא מתפרשין, וזו"ן לזמנין מתפרשים. אבל לעתיד יהיה הוי"ה אחד, ז"א. ושמו, שהוא נוקבא. אחד פנים בפנים, כמו או"א. נמצא שהשם לא יהיה הוי"ה, אלא השם הוא יהי"ה כשם שחו"ב נקראים י"ה, כך יקראו זו"ן, עיין שם. ואם כן נמצא דבהוי"ה רמוז היה הוה יהיה.

[55] **בית לחם יהודה ש"א פ"א ד"ג ע"א** – ולא יהיה נקרא בשם הוי"ה כנ"ל, אף על פי שגם אחר בריאת העולם לא יצדק שם הוי"ה בא"ס, מכל מקום באתפשטות הבוריה עלייהו אתקרי הוי"ה, כמו שכתוב בזוהר פינחס דרכ"ה – איהו לא אתקרי הוי"ה ובכל שמהן, אלא באתפשטות נהוריה עלייהו, וכד אסתלק מנייהו לית ליה שם מגרמיה כלל.

וכן בשם אדנו"ת, שֶׁנִּקְרָא כן עַל הוֹרָאַת אַדְנוּת ר"ל שהוא אדון, וכל הנאצלים הֱיוֹת לוֹ עֲבָדִים, והוא אדון עֲלֵיהֶם ר"ל על כל הנאצלים, וְאִם לֹא הָיָה לוֹ נִבְרָאִים שיעבדו אותו לֹא יוּכַל לִיקָּרֵא בפועל בְּשֵׁם אָדוֹן כי[55] אין מלך בלא עם. וְעַל דֶּרֶךְ זֶה בִּשְׁאָר שֵׁמוֹת של הקדוש ברוך הוא כּוּלָּם, וכן בְּעִנְיַן הַכִּנּוּיִים כְּגוֹן רַזּוּם, וזַנּוּן, אֶרֶךְ אַפַּיִם, וכו' שהם מתארים את מידותיו, ואת יחסו אל ברואיו, לֹא יִקָּרֵא המאציל עַל שְׁמָם[56] לדוגמה כאשר מתלבש אור האין סוף במידת החסד נקרא חסיד, במידת הגבורה נקרא גיבור וכו', בפועל זוּלַת בִּהְיוֹת נִבְרָאִים בָּעוֹלָם, שֶׁיִּקְרָאוּ[57] לוֹ לקדוש ברוך הוא אֶרֶךְ אַפַּיִם, וְכַיּוֹצֵא בָזֶה בִּשְׁאָר הַכִּנּוּיִים כּוּלָּם, כלומר כל הכינויים הם להורות ולתאר את אופן התייחסות הבורא אל הברואים, מכאן לומדים כי האדם הראשון היה מוכרח לחטוא, והוא כי כל אלו הכינויים הם לסליחה ומחילה של המאציל לנבראים.

אָמְנָם בִּהְיוֹת הָעוֹלָמוֹת נִבְרָאִים, אָז יָצְאוּ פְעוּלוֹתָיו וְכוֹחוֹתָיו יִתְבָּרֵךְ מהכח לִידֵי פּוֹעַל, כי בתחילה הכל היה בכח[58], בבחינת עשר ספירות הגנוזות במאצילים, ואחר[59] כך יצאו לפועל

---

[55]

פרקי דרבי אליעזר, פרק ג' – עד שלא נברא העולם, היה הקדוש ב"ה ושמו בלבד, ועלה במחשבה לברוא את העולם, והיה מחריט את העולם העולם לפניו ולא היה עומד. משלו משל למה הדבר דומה, למלך שהוא רוצה לבנות פלטרין שלו, אם אינו מחריט בארץ יסודותיו ומובאות ומוצאיו, אינו מתחיל לבנות, כך הקדוש ברוך הוא החריט לפניו את העולם, ולא היה עומד, עד שברא את התשובה. שבעה דברים נבראו עד שלא נברא העולם, ואלו הן, תורה, וגיהנם, וגן עדן, וכסא הכבוד, ובית המקדש, ותשובה, ושמו של משיח. **תורה מנין**, שנאמר - הוי"ה קנני ראשית דרכו קדם מפעליו מאז. קדם, רוצה לומר קודם שנברא העולם. **גיהנם מנין**, שנאמר - כי ערוך מאתמול תפתה. מאתמול, עד שלא נברא העולם. **גן עדן מנין**, שנאמר - ויטע הוי"ה אלהי"ם גן בעדן מקדם. מקדם, עד שלא נברא העולם. **כסא הכבוד מנין**, שנאמר - נכון כסאך מאז. מאז, עד שלא נברא העולם. **בית המקדש מנין**, שנאמר - כסא כבוד מרום מראשון. מראשון, עד שלא נברא העולם. **תשובה מנין**, שנאמר - בטרם הרים ילדו, וכתיב - תשב אנוש עד דכא. טרם עד שלא נברא העולם. **שמו של משיח מנין**, שנאמר - לפני שמש ינון שמו. וכתוב אחד אומר - ואתה בית לחם אפרתה צעיר להיות באלפי יהודה... ומוצאתיו מקדם. מקדם עד שלא נברא העולם. מיד נתייעץ הקדוש ברוך הוא בתורה, ששמה תושיה, לברוא את העולם. השיבה לו ואמרה - רבון העולמים, **אם אין צבא ואם אין מחנה למלך, על מה הוא מולך, ואם אין עם מקלסין למלך, אי זה הוא כבודו של מלך**, שמע אדון העולם, וערב לו. אמרה תורה - בי נתייעץ הקדוש ברוך הוא לברא את העולם, שנאמר - לי עצה ותושיה וגו'. מכאן אמרו חכמים - כל מלכות שאין לה יועצים, אין מלכותה מלכות.

[56]

תהילים י"ח כ"ו – עם חסיד תתחסד עם גבר תמים תיתמם.

[57]

בית לחם יהודה ש"א פ"א ד"ג ע"א – שיקראו לו ארך אפים, מכאן נראה שהיה אדם הראשון מוכרח לחטוא, שאם אינו חוטא, לא שייך עוד ארך אפים ושאר המידות, וכבר הארכנו בזה בפרק ב' דשער ל"ו, ד"ה וכאשר קטרגה הירח, ובפרק א' דשער ל"ט, ד"ה וזה היתה וכו', יעו"ש.

[58]

פרדס רמונים ש"ה פ"ד – קודם אצילות הנאצלים היה הא"ס הפשוט בתכלית הפשיטות, נעלם תכלית ההעלם. ולא היה אלקותו מתגלה אל זולתו להעדר ההוויות אשר על ידם קצת גילוי רוממות אחדותו. **והיו הספירות בכחם נעלמים בו בכחו, במציאות דק ונעלם, כאשר ראוי אל אחדותו.** ואל יתמה לב האדם באמרנו שהיו נעלמים בו, ואל יתבהל להשיב אם כן נמצא שכבר היו הספירות בו, יתחייב מזה הרבוי והשינוי.

כי אין זה מכלל שאלת החכמים כי אם פיתוי השכל. והטעם כי עם היותנו אומרים שהיו הספירות נעלמות בו אין כונתינו בענין זה לומר שהיו הספירות ממש כמו שהן עתה. **אבל היו מתייחדים באחדותו יחוד האמיתי וחזק.** ונמשיל משל נאה אל **אבן החלמיש שמוציאין ממנו האש על ידי הכאת הברזל ומן האש יוצא ברק.** ועתה לפי האמת לא יצדק שהאש ההוא ממש היה בתוך האבן, והיה אבן נחלק לריבוי החלקים כפי חלקי הניצוצים הנתזים ממנו, זה ודאי לא ישפוט בשכל המשכיל. **אלא אדרבה האש ההוא נעלם בתוך האבן ומיוחד בו יחוד אמיתי וחזק,** באופן שאין שאין בין האבן והאש שבתוכה חלוק ופרוד כלל. כן הדבר בעצם האלקות הפשוט קודם התפשטותו לנהל התחתונים, היו הספירות מתייחדים בעצמותו וקשורים בו קשר אמיץ וחזק, עד שכמעט לא יוצדק בו שם מציאות הספירות כלל אלא יחוד האמיתי. והייחוד הזה והדקות הנזכר הוא מקור הספירות הנעלמים בתוכו הנקראות צחצחות עליונות, אשר מהן נאצלו עוד צחצחות אחרות, שלא יצדק בהן עדיין אפילו לשון צחצחות, כאשר יתבאר בשער הצחצחות בס"ד.

ע"ח ח"ב שמ"ב פ"א מ"ב דפ"ט ע"א – והענין הוא כי הא"ס נקרא אפס, כי אין בו שום תפיסה, שאין שם חומר ולא צורה כלל, ואחריו יצא התהו והוא הכתר, ואחריו יצא הבהו, הכולל ארבעה יסודות חכמה ובינה, תפארת ומלכות. וביאור הדבר כי הנה בהכרח הוא שתהיה מדרגה אמצעי בין המאציל אל הנאצל, כי יש הרחק ביניהן כרחוק השמים מן הארץ, ואיך יאיר זה בזה, ואיך יברא זה את זה, שהם שני קצוות, אם לא היה דבר ממוצע ביניהן ומחברם, ויהיה בחינה קרובה אל המאציל, וקרובה אל הנאצל. והנה בחינה זו הוא כתר, הנקרא תהו, כי אין בו שום יסוד, כי על כן אינו נרמז בשם הוי"ה כלל, רק בקוצו של יו"ד, אמנם הוא בחינת אמצעי כנזכר לעיל. והוא, כי הנה כתר הוא דוגמת החומר הקודם הנקרא היול"י, שיש בו שורש כל הארבע יסודות בכח ולא בפועל, ולכן נקרא תהו, כי הוא מתהא מחשבות בני אדם, באמרם הנה אנחנו רואים שאין בו צורה כלל, ועם כל זה אנחנו רואים שהוא נאצל, ויש בו כח הארבע צורות. נמצא כי אפשר לקוראו א"ס ומאציל, כמו שהוא דעת קצת המקובלים, שהא"ס הוא הכתר, ואפשר לקוראו בשם נאצל, כי ודאי א"ס גדול ממנו. ועל כן הזהירו בו חכמים - במופלא ממך אל תדרוש. אמנם תכלית מה שאנו יכולים לדבר בו הוא כי הכתר הוא בחינת ממוצע ממאציל ונאצל, **והטעם הוא כי הבחינה היותר האחרונה מכל האפשר בא"ס, הוא אשר האציל בחינה ראשונה, אשר בה שורש כל העשר ספירות בהעלם ודקות גדול, שאי אפשר להיות לנאצל יותר דקות ממנו,** כי תהו אשר למעלה ממנו אין עוד, זולת האפס המוחלט כנזכר לעיל. ונמצא כי יש בבחינה זו שתי מדרגות, **אחד הוא הבחינה היותר תחתונה ושפלה מכל בחינת א"ס, וכאלו נאמר דרך משל שהוא בחינת מלכות שבמלכות,** ואף על פי שאינו כך, כי אין שם דמות וספירה ח"ו כלל, רק לשכך האזן נדבר כך. **והנה בזו המדרגה התחתונה שבא"ס יש בה כללות כל שלמעלה ממנו, ומקבלת מכולם, כנודע שהמלכות מקבלת מכולם,** מדרגה זו התחתונה היא האצילה את בחינה השנית שהיא המדרגה העליונה מכל מה שבכל הנאצלים, ויש בה שרש כל הנאצלים, והיא משפעת לכולם באופן שהיותר קטן מכל המאציל, **האציל היותר מובחר שבכל הנאצלים,** ואין ביניהן מדרגה אחרת כלל, כי אחר המאציל הזה, אין נאצל יותר קרוב אליו ודומה לו כזה. וכללות שתים אלה הבחינות היא בחינה אחת הנקרא כתר, שבערך בחינה הראשונה אשר בה קראוה קצת מקובלים א"ס, ובערך בחינה שניה שבה, קראוה קצת המקובלים כתר, שהוא במנין העשר ספירות. **אבל אנחנו סברתנו לא כדברי זה, ולא כדברי זה,** אלא היא בחינה אמצעית בין א"ס לנאצלים, ויש בה בחינת א"ס, ובחינת נאצלים. ושתי בחינות אלו הם הנקרא עתיק וא"א, ושניהן נקרא כתר כנודע אצלנו, **והבן זה מאד.**

59

שערי גן עדן, חלק אורח צדיקים פתח א' דרך ג' – התנא הרשב"י עליו השלום פתח דבריו יאיר בריש הורמנותא דמלכא גליף גליפו בטהירו עילאה. הכוונה בזה כי תחילת מחשבה הקדומה, שאמרנו למעלה שלמחשבה זו אין לה סוף, שהיה במחשבתו שהוא רצונו לחדש עולמו, היינו השמיטה הזאת שהיא שמיטת הפחד, והיא שמיטת הניסיון, שבה הבחירה נתנה כמאמר הכתוב - לנסותך לדעת אשר בלבבך, אף כי הוא היודע כל הנסתרות, ובוחן כליות ולב, הכוונה לדעת לאחרים שלא יהיה פה לחלוק, כמבואר במאמר אברהם – והוי"ה נסה את אברהם כידוע, ועל פי זה נקרא מלך שלטון, כי אם כי אין שכר ועונש לא יושלם תואר מלך שלטון, והוא מובן. וזה גרם להיות הצמצום בנקודת המלכות להיות מלכותו בכל משלה, **זולת שיש טעם הכמוס שלא ניתן לכתוב.** וזה שכתוב - בריש הורמנותא דמלכא, שפירושו בריש שלטנותא דמלכא גליף גליפו, כמו שכתוב לפנינו. והנה בזה תבין סוד אתערותא מתתא לעילא, כי סוד נקודת המלכות שהיתה לתתא

בבחינת אלפי רבי רבבות של עולמות הגבוהים מא"ק, ועולמות אבי"ע, כמו שיתבאר לקמן. **וְיִהְיֶה נִקְרָא** המאציל העליון **שָׁלֵם בְּכָל מִינֵי פָעוּלוֹתָיו, וכַוָוֹנֹתָיו, וְגַם יִהְיֶה** המאציל העליון **שָׁלֵם בְּכָל הַשֵׁמוֹת וכִינֹּוּים** הנזכרים בתורה הקדושה ובדברי חז"ל, **בִּלְתִּי שׁוּם חִסָרוֹן כְּלָל זֹ"ל**, מכל זה יוצא שסיבה שהמאציל ברא את העולמות, לא מחמת שהיה צריך וחייב הא"ס יתברך להאציל את הנאצלים, אלה בגלל שעלה ברצונו הפשוט בגלל טעם הידוע לו, ולא נגלה לנו, ולא בגלל הרצון הזה שיש בו חיסרון ח"ו.

וְעָנְיָן טַעַם זֶה לסיבת בריאת העולמות כדי להטיב אל הברואים, ולהוציא את רצונו מהכח אל הפועל **נִתְבָּאֵר** היטב בספר הזוהר פרשת פנחס דף רנ"ז ע"ב וז"ל[60] **פַּקוּדָא תְלִיסָר וכו'** מצוה השלש עשרה **דָא** זה **קְרִיאַת שְׁמַע, ואִית לְמִנְדַע דְאִיהוּ אִקְרֵי חַכַּם בְּכָל** ויש לדעת **מִינֵי חָכְמוֹת** הוא נקרא חכם בכל מני חכמות, **וּמֵבִין בְּכָל מִינֵי תְבוּנָות** ומבין בכל מיני תבונות, **וכו'**[61]**, אֶלָא קוּדֶם דְּבָרָא עָלְמָא** אלא קודם שברא את העולם, **אִתְקְרֵי בְּכָל אִילֵין**

מן כל ספירה, היא עלתה במחשבתו הקדומה, **להיות בשורש הנקודה האמצעית זו כל העולמות**, ועל זה רמזו בלשונם הצח כשעלה ברצונו לברוא העולמות, והוא מטעם להיות מלך שלטון, ואין מלך הלא עם, עם אזי זאת ההתעוררות עלה ברצונו שהוא מחשבתו, לעשות מקום פני דווקא בזאת הנקודה שהיא נקודת המלכות, שעל ידי זה יושלם תואר מלך שלטון, והכל חייבים לעבוד למלך הכבוד, וזה שכתב בפיוט ביושר את חברה בראשית ברא שיתו לב, לעבוד למלך הכבוד, והוא מובן.
60

ספר הזוהר, פרשת פינחס דף רנ"ז ע"ב עם תרגום וביאור – **פַּקוּדָא תְלִיסָר וכו'** מצווה השלש עשרה של השכינה, לקרות **דָא ק"ש** את קריאת שמע של שחרית וערבית שבו סוד הייחוד וקבלת עול מלכות שמים בפרשה ואהבת את ה', ועול המצות, ועניין שכר ועונש, בפרשת והיה אם שמוע, דכתיב - הישמרו לכם וגו', לכן מפרש הזהר כאן את סוד אחדותו יתברך, והוא מנהיג את עולמו בדין וברחמים, הזוהר מסביר **ואִית לְמִנְדַע** ויש לדעת **דְאִיהוּ אִקְרֵי חַכַּם בְּכָל מִינֵי חָכְמוֹת** שהאין סוף ב"ה נקרא חכם בהיותו פועל בספירת החכמה, בכל מיני חכמות, כלומר בכל עשר ספירות פרטיות הנכללות בחכמה (לכל ספירה מעשר הספירות הכלליות יש עשר ספירות פרטיות), **וּמֵבִין בְּכָל מִינֵי תְבוּנָות** ומבין הוא מבין את ספירת הבינה בכל מיני תבונות, כלומר בכל עשר ספירות פרטיות הנכללות בבינה, ובשתי מידות אלו של חכמה ובינה, הוא צופה ומביט עד תכלית כל דבר, והכל צפוי לפניו קודם היותם, ויודע מה שהיה, ומה שעתיד להיות עד סוף הוויתם, ואחר פעולתו בחכמה ובינה לדעת את כל אשר היה הוה הווה ויהיה, פועל בכל הנמצאים על ידי ששה קצוות, **וכו'....** בהמשך המאמר כתוב **אֶלָא קוּדֶם דְּבָרָא עָלְמָא** אלא קודם שברא האין סוף ב"ה את העולם, **אִתְקְרֵי בְּכָל אִילֵין דַּרְגִּין** היה הוא נקרא בכל אלו המדרגות, כיון שהיה רוצה לברוא את העולם, בהכרח שהיה צריך להמשיך אל הנבראים הרחמים והדין, כדי שלא ימצאו בלי סדר הנהגה, אבל בו עצמו אין בו שום שינוי, **ע"ש** **בְּרַיִין דַּהֲוּ עְתִידִין לְהִבָּרְאוּת** והכל הוא על שם הבריות שהיו עתידות להבראות, ר"ל מצד הנבראים שיבראו על ידו יש מאין, מתיחסים אלו השמות והכינוים אליו, **דַּאי לָאו הֵוֵיין בְּרַיִין בְּעָלְמָא** לברוא ברואים בעולם, **אַמַּאי אַתְקְרֵי רַחוּם דַּיָין** למה הוא נקרא רחום ודיין, אם אין על מי לרחם ואת מי לדון, אלא מוכרח לומר שנקרא כן **אֶלָא עַל שֵׁם בְּרַיִין דַּעְתִידִין וכו'**, אלא על שם הברואים העתידים להבראות, אבל בו עצמו אין בו שום שנוי ח"ו, כי הפעולות אינם נמצאים בעצמותו, אלא ממה שנמצא ממנו אל זולתו.
61

הגהות וביאורים (ג) – אמר מאיר מלשון הזוהר דקאמר אלא (איהו וחייו וגרמוי חד בהון) וכו', שקודם בריאת העולם היה הקדוש ברוך הוא נקרא גם כן חכם, דין, רק שהיה נקרא על שם העתיד, אבל עתה הוא בפועל אחר שהאציל העולמות, וזה שכתוב בענף ב' לקמן שלמות פעולתו, כי אז היה בכח ולא בפועל, ואין דבר שלם אם אינו גם כן בפועל, עד כן.

דרגין היה הוא נקרא בכל אלו המדרגות **עַל שֵׁם בַּרְיִין דַּהֲוֹ עֲתִידִין לְהַבְרַאוֹת** והכל הוא על שם הבריות שהיו עתידות להבראות, **דְּאִי לֹאו הֲוֹין בַּרְיִין בְּעַלְמָא** שאם לא היו ברואים בעולם, **אֲמַאי אִתְקְרִי** למה הוא נקרא **רְזוֹם דַּיִין, אֶלָּא עַל שֵׁם בַּרְיִין דַּעֲתִידִין** אלא על שם הברואים העתידים להבראות, **וְכו'.**

וּבספר[62] הזוהר **בְּפָרְשַׁת בֹּא דַף מ"ב** ע"ב וז"ל - **דְּאִי לֹא אִתְפַּשַּׁט נְהוֹרֵיהּ** כי אם לא היה מתפשט אורו, **עַל כָּל בַּרְיִין** על כל הבריות **אֵיךְ יִשְׁתְּמוֹדְעוּן לֵיהּ** איך היו מכירים אותו, **וְאֵיךְ יִתְקַיִּים**[63] הפסוק **מְלֹא כָל הָאָרֶץ כְּבוֹדוֹ.**

כך שתמצית וסיבת בריאת העולמות היא מהטעם הידוע לו יתברך בלבד, כי מצד שלימותו של הא"ס אינו היה מחויב ומוכרח להאציל את העולמות, אלא לפי פשט דברי הרב ז"ל הוא כדי[64] להטיב לזולתו, לכן **הוּכְרַח** כביכול להוציא את רצונו **שהוא רצון בלי חיסרון** מהכח לפועל. ובעומק הדברים אצילות העולמות היא מהטעם הידוע לו בלבד, טעם הגנוז במחשבתו הקדומה.

הרב ז"ל מבאר את החקירה השניה שחקרו המקובלים הראשונים. **צריך לדעת** שחז"ל אסרו אותנו לחקור חקירות אלו, ולהתעסק בהם, אלא אם הוא חכם ומבין מדעתו. ואת[65] תורת הנסתר מלמדים בצניעות ולא ברבים, והלומד צריך להיות חכם (חכמה), ומבין (בינה), מדעתו (דעת). **וכל עסק** ולמוד חכמת האמת הוא מזמן שעלה ברצון המאציל להאציל את העולמות, ולא לפני זה, כלומר אי אפשר לחקור מה היה לפני שעלה ברצונו, אלא רק מה שעלה ברצונו. אסרו חז"ל לחקור **מעלה ומה למטה**, כי חקירה זאת היא **בחינת המקום** של העולמות שנאצלו, מה למעלה מהם, ומה למטה מהם, ר"ל למעלה מהחלל שנעשה בצמצום, ומה מתחת לחלל. ועוד חז"ל אסרו לחקור **מה לפנים ומה לאחור**, כי חקרה זאת היא על **בחינת הזמן** של לפני ואחרי אצילות העולמות. ר"ל מה היה לפני שנאצלו העולמות, ומה[66] יהיה אחרי שהעולמות האלו יתוקנו ויגמרו להתברר.

---

[62]

בספר הזוהר פרשת בו דמ"ב ע"ב עם ביאור ותרגום - **דאי לא אתפשט נהורֵיה** כי אם לא היה מתפשט אורו יתברך **על כל בריין** על כל הבריות דרך הפרצופים והעשר הספירות, **איך ישתמודעון ליה** איך היו מכירים אותו יתברך, **ואיך יתקיים** ואיך יתקיים מה שכתוב בספר ישעיהו **מלא כל הארץ כבודו**, אלא אין דבר שיהיה חוץ מכבודו יתברך, לפי שנתפשט אורו בכל הנאצלים ובכל ברואים.

[63]

ישעיהו ו' ג' - וקרא זה אל זה ואמר קדוש קדוש קדוש הוי"ה צבאו"ת מלא כל הארץ כבודו.

[64]

ע"ח שער הכללים פ"א ד"ה ע"א - כשעלה ברצונו יתברך שמו לברוא את העולם, **כדי להיטיב לברואיו**, ויכירו גדולתו, ויזכו להיות מרכבה למעלה, להדבק בו יתברך.

[65]

גמרא שבת ד"פ ע"ב - דההוא בר גליל (מעשה בחכם מן הגליל), דאיקלע לבבל (שבא לבבל), דאמרו לו (אנשי המקום) דרוש לנו במעשה מרכבה (תלמד אותנו את תורת הסוד), אמר להו (אמר להם) אדרוש לכם כדדרש רבי נחמיה לחבריה (כמו שדרש רבי נחמיה לחבר שלו), ונפקא ערעיתא (יצאה צרעה) מן כותל ומחתיה באנדיפי ומית (מהכותל ועקצה אותו במצח, ומת. כי רצה ללמד את תורת הקבלה ברבים).

[66]

רחובות הנהר ד"ג ע"ג - אמנם תיקון כולם עליונים ותחתונים תלוי בתיקון זו"ן דאצילות, ותיקון זו"ן דאצילות תלוי ביד ישראל, הנקראים בנים לזו"ן דאצילות, ועל ידי התפלת של ישראל מתבררים מבירורי המלכים דזו"ן, מבחינת העולמות ומבחינת הנשמות, שיעור קצוב בכל תפלה ותפלה, ומעלים אותם למ"ן וכפי גודל כוונתם, וזכותם, ומעשיהם, וזכות הזמן שבו נאמרה התפלה ההיא, כך גודל תיקונם להעלות ניצוצות

הַחֲקִירָה הַשְּׁנִיָּה שהתעסקו בה המקובלים, שהיא יותר מסוכנת מהחקירה הראשונה, **הִיא קְרוֹבָה אֶל שְׁאֵלַת** הנזכרת בגמרא במסכת חגיגה **מַה לְמַעְלָה** מן חלל הצמצום **וּמַה לְמַטָּה** ממנו, **מַה לְפָנִים** מה היה לפני הצמצום ואצילות העולמות, **וּמַה לְאַחוֹר** מה יהיה תכלית אצילות העולמות[67], כמו שכתוב במשנה ובגמרא **בְּמַסֶּכֶת חֲגִיגָה בְּפֶרֶק** השני[68] שנקרא **אֵין דּוֹרְשִׁין, וְהִנֵּה לִהְיוֹת הַשְּׁאֵלָה זוֹ עֲמוּקָה מְאֹד, אֲשֶׁר כִּמְעַט מִסְתַּכֵּן הָאָדָם בְּהַעֲמִיק הִסְתַּכְּלוּתוֹ בַּחֲקִירָה זוֹ** מה שהרב ז"ל עומד לבאר על השאלה מה למעלה מה למטה הרב ז"ל לא עונה[69] כאן, אלה עיקר תשובת הרב ז"ל היא על מה לפנים ומה לאחור. על השאלה מה לפנים ומה לאחור, הכוונה מה היה לפני בריאת העולם, ומה יהיה אחר ששת אלפי שנה, גם השאלה למה נברא העולם בזמן זה, ולא לפני, או לא אחרי, אלו שאלות שהחקירה בהם מסוכנת לאדם.

וְעִנְיָנוּ הסיבה שאסור לחקור **כַּאֲשֶׁר הִזְכִּירוּ זַ"ל בַּמִּשְׁנָה הַנִּזְכֶּרֶת לְעֵיל, כָּל הַמִּסְתַּכֵּל בְּאַרְבָּעָה דְּבָרִים אֵלּוּ, רָאוּי לוֹ שֶׁלֹּא בָּא לָעוֹלָם**, והוא כי יש דברים שהמאציל העליון לא הסכים שבני אדם יתעסקו בהם, כי בני האדם גשמים, ועניינים אלו שהם רוחניים בתכלית הרוחניות, אי אפשר להשיגם כאשר החוקר מלובש בגוף גשמי, ועלול הוא להיפגע, **[מַה לְמַעְלָה** ר"ל מה יש למעלה מהעולמות האלו, **מַה לְמַטָּה** ר"ל מה יש למטה מהעולמות האלו. **וזה הוא בבחינת מקום, מַה לְפָנִים** מה היה לפני בריאת העולמות האלו, **מַה לְאַחוֹר** ר"ל מה יהיה אחרי זמן קיום העולמות הנזכרים לקמן. **וזה הוא מבחינת הזמן. וְכָל שֶׁלֹּא חָס עַל כְּבוֹד קוֹנוֹ**, והוא לא מכבד את רצון המאציל העליון

רבים דמ"ן, אם בכמות אם באיכות, ובכל יום מעלים ניצוצות חדשות מחדש. ואין יום דומה לחברו, ואין בריה דומה לחבירתה, ואין צדיק דומה לחברו. וזהו גודל חיוב מצות התפלות והמצות וכל אחד מתקן ומעלה כפי בחינה הראויה אליו, ותתקן החלבנה מה שלא תתקן הלבונה. ולכן הכל צריכים זו לזה, **ולא יוכל שום אחד מישראל לעשות מה שיעשה חברו**, וכפי גודל הבירור שמתברר ועולה, ניתוסף כח למעלה ויורד שפע מלמעלה על ידי זווג העליונים להשפיע בתחתונים, ועל ידי השפע היורד מוסיף כח בתחתונים, ללקט ולברר ולהעלות מ"ן, כנזכר כל זה בפרקים הנזכרים לקמן.
67

אח"י (כלל) – כל עסק ולמוד חכמת הקבלה הוא מזמן שעלה ברצון המאציל להאציל את העולמות, ולא לפני שעלה ברצונו.
68

גמרא חגיגה די"א ע"ב – אין דורשין בעריות בשלשה ולא במעשה בראשית בשנים ולא במרכבה ביחיד אלא אם כן היה חכם ומבין מדעתו כל המסתכל בארבעה דברים רתוי לו כאילו לא בא לעולם מה למעלה מה למטה מה לפנים ומה לאחור וכל שלא חס על כבוד קונו רתוי לו שלא בא לעולם.
69

ע"ח ש"א ענף ב' די"א ע"ג – דע כי טרם שנאצלו הנאצלים, ונבראו הנבראים, היה אור עליון פשוט ממלא כל המציאות, ולא היה שום מקום פנוי בבחינת אויר ריקני וחלל, אלא הכל היה ממולא מן אור א"ס פשוט ההוא, ולא היה לו בחינת ראש, ולא בחינת סוף, אלא הכל היה אור אחד פשוט, שוה בהשוואה אחת, והוא הנקרא אור א"ס. וכאשר עלה ברצונו הפשוט לברוא העולמות, ולהאציל הנאצלים, להוציא לאור שלימות פעולותיו, ושמותיו, וכנוייו, אשר זאת היה סיבה בריאת העולמות כמבואר אצלינו בענף הא', בחקירה הראשונה. והנה אז צמצם את עצמו א"ס, בנקודה האמצעית אשר בו באמצע אורו ממש.

שאסר להתעסק בעניינים אלו **ראוי לו שלא בא לעולם** ובגלל התעסקותו בחקירות אלו הוא יקלקל

ועלול להיפגע, ואדם העובר על רצון בוראו **הוא בעל עזות מצח**, אשר נאסר לו לחקור חקירות אלו[.

הגם[70] שתכלית בריאת האדם בעולם הוא כדי שיעלה במעלות רוחניות, על ידי עסק התורה הקדושה בדרך הפרד"ס, עד שישיג באמיתות ידיעת חכמת הקבלה ופנימיות התורה, שבה אפשר להגיע לידיעת וסוד הבריאה וסודות העולמות העליונים והתחתונים, גם בבחינת שורשים, וגם בבחינת הענפים והארות היוצאים מהם, עם כל זה יש גבול שיגבל המאציל העליון, בסוד[71] במופלא ממך אל תדרוש, ר"ל כי עד גבול זה מותר לחקור, ואם[72] רץ פיך שוב למקום, ואם יעבור האדם גבול זה, נמצא פוגם בכבוד קונו. לכן[73] שב ואל תעשה עדיף.

ועל כן לא[74] נוכל להרחיב ולהעמיק בשאלה כאן[75] למה להקדים או איחר את בריאת העולמות,

או השאלה למעלה ולמטה ממקום החלל, כי אי אפשר לתת תשובה מוחלטת ומלאה לשאלה זאת **בזכירתם,** והרב ז"ל רומז שהוא מעלים את שורש עיקר החקירה, והוא יעסוק רק בענפי החקירה בהמשך הדרושים, וסומך[76] על המעיין כי ילמד ראשית דבר מאחריתו, כי[77] במקום גבוה מעל גבוה שומר, הרב ז"ל מקצר ומעלים את סודות הקבלה

---

⁷⁰

דעת ותבונות לרמח"ל, אות ל"ד – אמר השכל, עתה כשנשיב אל לבנו כל סדרי מעשיו יתברך, כל המעשה הגדול אשר עשה מני שים אדם עלי ארץ, וכל אשר הבטיח לנו לעשות על ידי נביאיו הקדושים, הנה מה שמתברר לנו מכל זה בירור גמור הוא עוצם יחודו יתברך. ותראי שכל שאר מעלות שלמותו הבלתי בעלת תכלית, אינם מתבררים אצלנו כלל, שאין בנו כח להשיג אותם. דרך משל, ידענו שהוא חכם, אבל לא השגנו סוף חכמתו, ידענו שהוא יודע, ולא השגנו ידיעתו. ועל כן אמרו ז"ל בפתח אליהו, תיקוני זוהר, הקדמה שניה - אנת חכים, ולאו בחכמה ידיעא, אנת מבין, ולאו בבינה ידיעא. וכיון שאין אנו יכולים להשיג המעלות האלה, **נמשך לנו מזה איסור החקירה בהם**, כי על כל כיוצא בזה נאמר - במופלא ממך אל תדרוש, במכוסה ממך אל תחקור, וכן אמרו ספר יצירה, פרק א' - אם רץ לבך שוב למקום.

⁷¹

גמרא חגיגה די"ג ע"א – ואמר רב אחא בר יעקב עוד רקיע אחד יש למעלה מראשי החיות, דכתיב - ודמות על ראשי החיה רקיע כעין הקרח הנורא. **עד כאן יש לך רשות לדבר, מכאן ואילך אין לך רשות לדבר,** שכן כתוב בספר בן סירא - במופלא ממך אל תדרוש, ובמכוסה ממך אל תחקור, במה שהורשית התבונן, אין לך עסק בנסתרות.

⁷²

ספר יצירה, פרק א' משנה ז' – עשר ספירות בלימה, בלום פיך מלדבר ולבך מלהרהר, ואם רץ פיך לדבר, ולבך להרהר, שוב למקום, שלכך נאמר רצוא ושוב. ועל דבר זה נכרת ברית.

⁷³

גמרא קדושין דל"ט ע"ב – ישב אדם ולא עבר עבירה נותנים לו שכר מצווה.

⁷⁴

בית לחם יהודה ש"א פ"א ד"ג ע"א – כי לא נוכל להרחיב ולהעמיק. לפי שעדין איכא לאקשויי, אמאי לא האציל את הא"ק קודם זמן שהאצילו, כדי שעל ידי זה הקדים גם בריאת העולמות, לזה אמר כי לא נוכל וכו'.

⁷⁵

ע"ח ענף ב' מ"ת די"ב ע"ג – ודע כי יש בזה האצילות מיני עולמות לאין קץ, ואין עתה ביאורם, אבל נתחיל עתה לבאר עוד פרט אחד הכולל כל מציאות החלל הזה, וממנו מתפשטים כל העולמות, כמו שנבאר בע"ה והוא בחינת מציאות א"ק לכל הקדומים הנזכר בספר הזהר ותיקונים, ואחריו נמשך סדר כל המדרגות כולם

⁷⁶

ע"ח ש"א ענף ב' מ"ת די"ב ע"ד – ואין לנו רשות לדבר יותר במקום גבוה כזה, **והמשכיל יבין ראשית דבר מאחריתו,** כמו שנבאר בע"ה בדרושים אחרים הבאים לפנינו.

⁷⁷

שבעולמות העליונים, שהם מבחינת שורשים לעולמות התחתונים, והוא סומך על המעיין הלומד, שכאשר ילמד את מערכת העולמות והפרצופים התחתונים, שהם בחינת ענפים היוצאים מהשורש, הוא ידמה מילתא למילתא, ויבין את סוד השורשים מהענפים.

למדנו כי יש שתי חקירות. החקירה הראשונה שמותר לנו לחקור היא **מעת שעלה ברצונו לברוא את העולמות.** אבל אסור לנו לחקור מה שהיה לפני שעלה ברצונו, בחקירה זאת הרב ז"ל לא כתב כי יש בה סכנה. בחקירה השנייה יש סכנה כי היא מתבססת על השאלה מה לפנים ומה לאחור, כי לשאלה מה למעלה מה למטה הרב ז"ל לא מתייחס בענף זה, והוא יתייחס אליו בענף[78] ד' של שער זה. **מה לפנים** – מה היה לפני שעלה ברצונו, **מה לאחור** – מה יהיה בסוף.

אמנם נבאר בע"ה כמו שמבואר בגמרא ב**ראשי פרקים כמוצ'ץ בן הזרכים**[79] ר"ל כמו הסתכלות מפתח צר שמאיר למעיין להבין מדעתו, והלמוד יהיה בעלם גדול, הרב ז"ל יגלה טפח, ויכסה אלפים אמה, **בלתי הסתכלות בדברים העמוקים,** כי מלימוד ענף נשכיל בשורשים, ר"ל כאשר נלמד על הענפים נבין את השורשים, **והמשכיל על דברינו אלה ימצא טוב טעם ודעת** גם בענין השאלה העיקרית **אם** [די"א ע"ב 21]**[80] יבינהו** מדברי הרב ז"ל, ולא מדברי המקובלים שקדמו לרבינו האר"י זלה"ה.

קהלת ה' ז' – אם עשק רש וגזל משפט וצדק תראה במדינה אל תתמה על החפץ כי **גבה מעל גבה שמר** וגבהים עליהם.
78

ע"ח שער א' ענף ד' מ"ב די"ג ע"ב – אחר שכתבנו בענפים הקודמים לזה בדרך קצרה ודרך כלל, ענין העשר ספירות בכל מקום שהם, איך יש בהם כמה וכמה בחינות. נדבר בענף זה בקיצור גם כן בחינת מדרגות העולמות, אשר נבראו תוך מקום החלל הריקני הנזכר לעיל, שאין דבר חוצה לו מן המקום הזה, וכל העולמות כולם הם תוך המקום הזה. ואל יעלה בדעתך כי העשר ספירות הנקרא אצלינו בספר הזוהר עשר ספירות דאצילות, **אל תטעה לחשוב שהם יותר ראשונים וגבוהים מכל מה שנאצלו, כי כמה עולמות קדמו עליהם,** ולרוב היעלמם לא שלחו בהם יד להזכירם בספר הזוהר, אלא ברמז נפלא כאשר עיניך לנוכח יביטו...
79

שיר השירים פ"ב ט' – דומה דודי לצבי או לעפר האילים, הנה זה עומד אחר כתלנו משגיח מן החלנות, **מציץ מן החרכים.**
80

ע"ח, הקדמת מוהרח"ו זיע"א על שער ההקדמות ד"ד ע"ד – והנה כל ספרי המקובלים האחרונים שהיו אחר הרמב"ן ז"ל, **אל תקרב אליהם, כי מן הרמב"ן ואילך נסתרה דרך החכמה הזאת מעיני כל החכמים, ולא נשאר בהם כי אם קצת ענפי הקדמות בלתי שרשיהם,** ועליהם בנו המקובלים האחרונים ז"ל דבריהם בשכל אנושי, ומעצמך תוכל לדעת לעמוד על המבחן, כי המעיין החריף יוכל לכלול ולידע רוב הקדמותיהם וכלליהם בארבעה או חמשה ימים, וכל דבריהם כפל הענין במילות שונות, וכל פרי הקדמתם היא היות עשר ספירות נמצאות, וחברו תלי תלים של ספרים בענין אשר כללות דבריהם יכתבו בשתי או בשלוש קונטריסים. ולא כן מצינו בראשונים, וכמו שכתבו ז"ל על פסוק קווצותיו תלתלים, שהיה רבי עקיבא דורש על כל קוץ וקוץ תלי תלים של הלכות. גם רבי יוחנן בן זכאי, ורבי אליעזר, ורבי יהושע, ורבי עקיבא היו אומרים אם יהיו כל השמים גוילים, וכל הימים דיו, וכל הקנים קולמוסים, וכל בני אדם לבלרין, לא יספיקו לכתוב מה שקבלתי מרבותיי, ולא חסרתי בהם ככלב המלקק בים, וכמכחול בשפופרת, וכמריח באתרוג, כנזכר במדרש שיר השירים רבה. כי הנה התורה שמתיו של הקדוש ברוך הוא, ונקרא תורה על שם הוראה, שהיא להורות על בוראה יתברך, מה הוא, ומה ענינו, וכמו שהוא יתברך אין לו רשות וסוף, כן אין לתורתו קצבה ושיעור, וכמו שאמר הכתוב ארוכה מארץ מדה ורחבה מני ים. **ואנשי לבב שמעו לי אל יהרסו אל הוי"ה, לראות בספרי**

וְהִנֵּה עִנְיַן הַזְכִּירָה הַזֹּאת שאינה השאלה העיקרית **אֲשֶׁר שׁוֹאֲלִים לְמָה בְּרִיאַת עוֹלָם הַזֶּה** הכולל את א"ק ואבי"ע, ומתוך שאלה זאת אפשר לשאול למה נבראו העולמות שלפני א"ק בזמן זה ולא בזמן אחר, **הָיָה בַּזְּמַן שֶׁהָיָה וְלֹא קוֹדֶם, אוֹ אֵיזוֹר כָּךְ** ר"ל למה נברא העולם הזה בזמן זה, ולא קודם לזמן הזה, או אחרי הזמן הזה[81].

כאשר המקובלים רוצים לכנות שפע עליון, הם קוראים לו אור, ובספר הזוהר הקדוש לפעמים שפע זה נקרא מים, בדרך כלל השפע הרוחני נקרא בפי המקובלים אור, עם כל זאת האור הוא דבר גשמי, עובדה היא שעין האדם רואה אותו, ונשאלת השאלה למה מדמים את השפע הרוחני לאור, רבי יוסף אירגס בספרו שומר אמונים כותב[82] - כי אור היקר שבמוחשים[83], ביחס לעצמים גשמים אחרים האור הוא הכי רוחני. ולא[84] שיש בעולמות הרוחניים אור, או אותיות, או צבעים, או שמות, או ציורים. אלא ה**כל רוחניות בתכלית דקות הרוחניות**, רק כדי לשכך את האוזן, ולשבר את העין

ע"ח ש"א ענף ד' מ"ק די"ד ע"ג – וְאָמְנָם דָּבָר גָּלוּי הוּא כִּי אֵין לְמַעְלָה גּוּף, וְלֹא כֹחַ גּוּף חָלִילָה. **וְכָל הַדִּמְיוֹנוֹת וְהַצִּיּוּרִים אֵלּוּ לֹא מִפְּנֵי שֶׁהֵם כָּךְ חַס וְשָׁלוֹם.** אָמְנָם **לְשַׁכֵּךְ אֶת הָאוֹזֶן** לְכַשִׁיּוּכַל הָאָדָם לְהָבִין הַדְּבָרִים הָעֶלְיוֹנִים הָרוּחָנִיִּים, בִּלְתִּי נִתְפָּסִים, וְנִרְשָׁמִים בַּשֵּׂכֶל הָאֱנוֹשִׁי. לָכֵן נִיתַּן רְשׁוּת לְדַבֵּר בִּבְחִינַת צִיּוּרִים וְדִמְיוֹנִים, כַּאֲשֶׁר הוּא פָּשׁוּט בְּכָל סִפְרֵי הַזֹּהַר. וְגַם בִּפְסוּקֵי הַתּוֹרָה עַצְמָהּ כּוּלָם כְּאֶחָד עוֹנִים וְאוֹמְרִים בְּדָבָר הַזֶּה, כְּמוֹ שֶׁנֶּאֱמַר הַכָּתוּב - עֵינֵי הוי"ה הֵמָּה מְשׁוֹטְטִים בְּכָל הָאָרֶץ. עֵינֵי הוי"ה אֶל צַדִּיקִים. וְיִשְׁמַע הוי"ה. וַיֵּרָא הוי"ה. וַיְדַבֵּר הוי"ה. וְכָאֵלֶּה רַבּוֹת. וּגְדוֹלָה מִכּוּלָם מַה שֶּׁאָמַר הַכָּתוּב - וַיִּבְרָא אֱלֹהִ"ם אֶת הָאָדָם בְּצַלְמוֹ בְּצֶלֶם אֱלֹהִ"ם בָּרָא אוֹתוֹ זָכָר וּנְקֵבָה וְגוֹ'. וְאִם הַתּוֹרָה עַצְמָהּ דִּיבְּרָה כָּךְ, גַּם אֲנַחְנוּ נוּכַל לְדַבֵּר כַּלָּשׁוֹן הַזֶּה, **עִם הֱיוֹת שֶׁפָּשׁוּט הוּא שֶׁאֵין שָׁם לְמַעְלָה אֶלָּא אוֹרוֹת דַּקִּים בְּתַכְלִית הָרוּחָנִיּוּת, בִּלְתִּי נִתְפָּשִׂים שָׁם כְּלָל.** וּכְמוֹ שֶׁאָמַר הַכָּתוּב - כִּי לֹא רְאִיתֶם כָּל תְּמוּנָה, וְכָאֵלֶּה רַבּוֹת. וְאָמְנָם יֵשׁ **עוֹד דֶּרֶךְ אַחֶרֶת כְּדֵי לְהַמְשִׁיךְ וּלְצַיֵּיר בָּהּ הַדְּבָרִים הָעֶלְיוֹנִים**, וְהֵם בִּבְחִינַת כְּתִיבַת צוּרַת אוֹתִיּוֹת, כִּי כָל אוֹת וָאוֹת מוֹרָה עַל אוֹר פְּרָטִי עֶלְיוֹן, וְגַם תְּמוּנַת זוֹ **דָּבָר פָּשׁוּט הוּא כִּי אֵין לְמַעְלָה לֹא אוֹת, וְלֹא נְקוּדָה**, וְגַם זֶה דֶּרֶךְ מָשָׁל וְצִיּוּר לְשַׁכֵּךְ אֶת הָאוֹזֶן כַּנִּזְכָּר. וְלָכֵן נְבָאֵר עַתָּה הַקְּדָמָה הַנִּזְכָּר **עַל דֶּרֶךְ צִיּוּר הָאוֹתִיּוֹת, גַּם כֵּן וּבִבְחִינַת צִיּוּרִים אֵלּוּ, הֵן צִיּוּר הָאָדָם, וְהֵן צִיּוּר אוֹתִיּוֹת, שֶׁתִּהְיֶין מוּכְרָחִים לְהָבִין עִנְיַן הָאוֹרוֹת הָעֶלְיוֹנִים**, כַּאֲשֶׁר תִּרְאֶה סִפְרֵי הַזֹּהַר בְּנוּיִים עַל שְׁתֵּי בְּחִינַת הַצִּיּוּרִים הָאֵלֶּה, עַד כָּאן לְשׁוֹנוֹ.

משתמשים במוסג הנקרא אור להמשיל שפע רוחני, כי[85] לאדם הגשמי יש את הכח המדמה. **עוד צריך לדעת** כי תורת הקבלה עוסקת בתורת המשל, והמשל פועל בנמשל בעולמות העליונים, ורק אנשי עליה זכו להבין את הנמשל.

ולכן צריך שתדע את אשר נבאר בזיבורינו את סדר השתלשלות העולמות, זה אחר זה, וזה למעלה מזה, **והוא כי הנה נודע כי האור[86] העליון** שהוא הא"ס האמיתי **למעלה למעלה** מאצילות, גם מא"ק, וגם העולמות שלמעלה מעולמות מעולמות שמעל א"ק בערכינו, עד **אין קץ** אבל בערך הא"ס גם לעולמות אלו יש קץ ומספר, **הנקרא א"ס, שמו מוכיזו עליו שאין בו שום תפיסה לא במחשבה ולא בהרהור** שהיא מחשבה יותר דקה, ואין מחשבת כל בריאה הכוללת את

85

מבוא שערים ש"ו ח"ג פ"י דנ"ט ע"ד – החי יותר פנימי, והוא מחלק הרוח שבכל יסוד מארבעתן, ויש בו נפש המורכב, ונפש הצומחת, תוסף בה נפש פנימי. הנקרא נפש הבהמית, ויש קורין לה נפש התנועה, כי היא רצונית, ולא טבעית כמו הצומחת כנזכר לעיל, וזו נקרא בספרים נפש השניה. ונתחלקת לשני כחות, חיצוניות ופנימיות, החיצון יחלק לשני כחות, חוש ותנועה. והחוש, יחלק לחמשה חושים, וחמישתן יקראו כח המרגיש. והפנימי. יחלק לשנים, **והם המדמה**, והמעורר. המדמה יחלק לשנים, והם המשיג, והזוכר..... עוד יש כח אחר במדמה, והוא, כי ידמה ויצייר הדברים אף שלא באמיתתן, מה שאי אפשר להיות כן, ההרגש החיצון, **ועוד שלא יוכל כח זה המדמה לצייר, רק בציור גשם וחומר, לא בציור רוחני הנקרא צורת ונפש.** ועוד, **שהמדמה הוא יכול לדמות ולצייר הדברים בין בהקיץ בין בחלום** שהוא.

86

עוד יוסף חי, הלכות, פרשת וישלח ד"ל – ודע דאלו העשר ספירות שהם כח"ב, חג"ת, נהי"ם, אין אנחנו יכולים לידע מהותם, ועצמותם, ודמותם, ומראיהם, יען כי הם רוחניים בתכלית הרוחניות, ואנחנו בני אדם גשמיים ואיך נוכל להשיג ולדעת ולהכיר מהות עצמותם ודמותם, שבו נדע ונשיג העניינים, עם כל זה **מאחר שהשכל מלובש בחומר אי אפשר להשיג ולהכיר בו מהות הרוחני הגמור.** תדע הלא הנשמה יושבת בגוף האדם, ועם כל זה אין האדם מכיר בשכלו מהותה, ודמותה, ומראיה, וצורתה, איך הוא, אם כן כל שכן וכל שכן הספירות, שהם רחוקים וגבוהים מאתנו במאד מאד, כמה אלפים ורבבות מדרגות. גם זאת תדע, דמה שאנחנו קורין לעשר ספירות בשם ספירות ובשם אורות, אין וכונתנו לחשוב אותם כאור זה שאנחנו רואין אותו בעינינו, אלא מפני שקצר מצע שכלינו בעודו מלובש בחומר הגוף להשיג מהות ועצם הרוחניים, לכך אנחנו מכנים אותם בתואר אור. **כי אצלנו האור הוא היקר ועליון שבמוחשים, והוא היותר רוחני שבבמוחשים.** וכמו שכתב הרב המקובל מהרב ישראל ארגיאס ז"ל בשומר אמונים וזה לשונו - רבים חושבים לדמות האלו"ה שהוא אור גדול זך ובהיר, בחשבם דעניין זה אינו גוף, והוא תכלית השיבוש והטעות, **דהאור עם היותו יקר שבבמוחשים הנה הוא גשמי,** ואין לך שום דמיון מתדמה שלא יהיה דמות הגוף, וכמו שכתב האר"י זלה"ה בסוף ספר מבוא שערים, כי כחו המדמה שבאדם אינו יכול לצייר רק ציור גשמי וחומרי, לא כציור רוחני הנקרא צורה ונפש וכו', עיין שם. והזהר כשתכווין בשום ספירה מהספירות, שלא תדמה בה שום דמיון בכח המדמה אשר לך, שיכניסך הדמיון בהגשמת הספירות, והוא טעות גמורה ועוון פלילי וכו'. והזהר כי כשתשכיל בשכלך שיש אלו"ה, שתהיה הבטתך בדרך רצוא ושוב, דהיינו שיהיה בדרך **רצוא לחייב מציאותו בשכלך,** שתאמין שהוא מצוי ומשגיח. **ושוב, היינו שלא תדמה שום דמיון וציור כלל,** יען כי הדמיון רץ אחר השכל, ולכן נאמר בספר יצירה "ואם רץ לבך שוב לאחור", והזהר היטב בדבר זה, כי הוא עיקר גדול באמונה, עד כן דבריו יע"ש. והגאון הרדב"ז ז"ל בהקדמתו לספר מגן דוד כתב, וז"ל דע כי סיבת הסיבות ועילת העלות, האחד הפשוט הקדמון אשר לא קדמו העדר, הוא האציל עשר ספירות קדושות בדרך אצילות זו מזו, וקראו בלשון חכמים מידות, כאשר גזרה חכמתו יתברך להוציאם מן הכח אל הפועל, להנהיג בהם העולמות, והם כולם צריכים אליו, ואין להם שפע וברכה אלא ממנו, ותשוקתם אליו, והוא אינו צריך להם, אלא הם ככלי ביד האומן להוציא כלי למעשהו, והן נאחזות בו ונאחזות זו בזו, ויש בהם צורה ודמות, כי הם ספירות **רוחניות דקות מן הדקות, פשוטות בתכלית,** והן מאורות אלהיו"ת יודעות ומשיגות קונם, כל אחת כפי מעלתה ומדרגתה וכו', עיין שם.

המלאכים ואת כל הנאצלים, הברואים, הנוצרים, ונעשים, יכולה להשיג, כי כל בריאה היא בעלת מידה וגבול, ובעל גבול לא יכול להשיג את האין סוף. בסוד הפסוק[87] - כי לא יראני האדם וחי, ר"ל האדם הם בני האדם, וחי הם המלאכים, הנקראים חיות. כלומר אי אפשר להבין את המציאות הזאת שנקראת אין סוף **כלל ועיקר** והכל תלוי כאן במקום

הגבוה הזה באמונה.

והוא הא"ס העליון **מופשט ומובדל מכל מחשבות** ר"ל אין תפיסה למחשבה אלא במוחש, ולא בנבדל והמופשט, וכל דמיון בא"ס הוא דמיון כוזב, ואסור, כי לית[88] מחשבה[89] תפיסא בך כלל, כי כל מחשבות של בני האדם היא מחשבה מורכבת מכמה עניינים, רגשות, רצונות וכו', גם לאדם החושב יש כח מדמה שמציר את המחשבה, בא"ס לא שייך שום מחשבה מורכבת או ציור, ואסור[90] לחשוב שהא"ס מקובץ מחלקים ולא חלקים הרכיבוהו, וכן[91] כותב הרמב"ם, **והוא** ר"ל הא"ס **קודם אל כל** הנאצלים, לרבות א"ק ואבי"ע, והעולמות שמעל א"ק, והוא קודם לכל **הנאצלים** עולם האצילות, **והנבראים** עולם הבריאה, **והיצורים** עולם היצירה, **והנעשים** עולם העשיה, **ולא היה בו זמן** כי זמן הוא נברא[92], **והתחלה**[93], **וראשית** מה שאין

87

שמות ל"ג כ' - ויאמר לא תוכל לראת את פני כי לא יראני האדם וחי.

88

הקדמת תיקוני הזוהר, מאמר **פתח אליהו די"ז ע"א** עם ביאור ותרגום – **פתח אליהו** הנביא זכור לטוב ואמר בשבחו של הקדוש ברוך הוא, **רבון עלמין** רבון העולמים **דאנת הוא חד** אתה אחד בתכלית האחדות, **ולא בחושבן** ולא כאחד המנוי בדרך שסופרים אחד אחרי השני, כאשר השני שווה לראשון, **אנת הוא עלאה על כל עלאין** אתה הוא עליון על כל העליונים, ועילה לכל העילות, וכולם עולים ממך, **סתימא על כל סתימין** אתה סתום, נעלם ונסתר על כל הסתומים, הנעלמים והנסתרים, כלומר אי אפשר להשיג את מהותו, **לית מחשבה תפיסא בך כלל** אין שום מחשבה ושכל של כל הנבראים תופסת בך כלל, ואין שום השגה למהותו ועצמותו של הא"ס ב"ה, לא במהות ולא באיכות כלל, ואפילו תפיסה מועטת במחשבה.

89

אח"י (כלל) – הא"ס הוא אחד בתכלית האחדות, לא מקובץ מחלקים, ולא חלקים הרכיבוהו.

90

שומר אמונים, ויכוח ראשון אות נ"ז די"ט ע"ד – יהוידע, חלילה חלילה להאמין ולהעלות על לב שהספירות הם חלק מהא"ס שיצא ממנו, ובשתלשל מעילה לעלול, כי הוא עון פלילי. דהא מה שהוא א"ס אי אפשר להיות ספירות, **והלא אחד מעיקרי האמונה הוא שאחדות הא"ס אינו מתחלק לחלקים ואינו מקבל תוספת ולא מגרעת**, אלא מציאותו תמיד קיים בלי שינוי כלל, וכמו שכתוב בזוהר בכמה מקומות. ואם אתה אומר שהם פירוש או הנאצל הראשון הוא חלק מעצמותו, שיצא במציאות ספירת ואצילות, נמצא שהא"ס מתחלק לחלקים ומקבל מגרעת. אבל הענין הוא כמו שאמרתי כי כל הנמצאים הם מושכלים ומצויירים כידיעתו בציור אחד, פשוט בתכלית הפשיטות אשר אין הציור ההוא דבר אחר זולת עצמותו הפשוט. **כי הוא היודע, הוא הדעת, והוא הידוע.**

91

משנה סנהדרין, הקדמת הרמב"ם לפרק י' - והיסוד השני, **יחוד השם יתברך**. כלומר שזה שהוא סיבת הכל אחד. ואינו כאחד הזוג, ולא כאחד המין, ולא כאיש האחד המורכב, שהוא נחלק לאחדים רבים, ולא אחד כמו הגוף הפשוט האחד במנין, שמקבל החילוק והפרידה לאין סוף. **אבל הוא יתעלה אחד באחדות שאין כמותה אחדות בשום פנים.** וזה היסוד השני מורה עליו מה שנאמר - שמע ישראל הוי"ה אלהי"נו הוי"ה אחד.

92

אח"י (כלל) – הזמן הוא נברא, וקדם לו העדר.

93

אח"י – בגרסת עץ חיים של הרש"ש בכתב יד כתוב **והתחלה** ולפי גירסא זאת הרב ז"ל כותב שלא היה מוסג של זמן בכלל לפני קיום הבריאה, כי זמן הוא בבחינת גבול, ובא"ס אין גבולות ח"ו.

כן באין סוף, כי זמן הוא נברא וגבולי. **כי תמיד הוא** הא"ס **נמצא** בעבר ובהוה **וקיים לעד** לעתיד, נמצא כי בא"ס לא שייך לשאול על זמן, ומתי, כי הזמן הוא בעצמו נברא, והוא בגבולות הבריאה, **ואין בו** בא"ס **ראש וסוף** לא מקום ולא זמן **כלל.**

לפי דברי הרב ז"ל כאן משמע שא"ק היה מחובר לאין סוף ונשתלשל מהאין סוף עצמו, זה לא כך ואסור לחשוב כך שכל הבריאה היתה באין סוף והשתלשלה ממנו. אלה לשון השתלשלות בדברי הרב ז"ל הוא לשון מושאלת, וכל מה שנאצל נברא נוצר ונעשה קדם לו העדר, וכל העולמות כולל א"ק נבראו יש מאין, נמצא שא"ק לא השתלשל מהא"ס אלא כל העולמות כולל א"ק הם נבראים מחודשים שקדם להם העדר, **ונבראו יש מאין.** אחד מהעיקרים של חכמת הקבלה שצריך לדעת שאין שום שינוי במאציל לא בעבר, ולא היה בו שינוי בהוה, ולא יהיה שום שינוי בעתיד - בסוד[94] הפסוק כי אני הוי"ה לא שניתי. **גם צריך לדעת** כי באין סוף לא שייך שום הרכבה, הוא לא מורכב מחלקים, ולא חלקים מרכיבים אותו, אלא[95] הא"ס הוא בפשטות האחדות, אחד ואין שני לאחדותו, בלי חבור בלי פרוד, כמו[96] שמבואר בפיוט אדון עולם. **זאת ועוד** תיבת **אחר כך** אין לה מובן בדרוש זה, הרי בא"ס אין מושג של זמן, ובאמת צריך לומר **תחילה, ולא אחר כך,** כאן הרב ז"ל רומז על עולמות שקדמו לא"ק, כמו עולם הטהירו עילאה, עולם המלבוש, טהרו, אדם קדמאה ועוד עולמות שמעל א"ק, שהרב ז"ל מעלים את סודם בספרו בעץ חיים. כלומר יש עוד עולמות יותר עליונים שנמצאים מעל א"ק, **ורבינו חיים ויטאל לא הורשה לדבר בהם, אלא הורשה לדבר מא"ק ולמטה, אלו הם עולמות המתייחסים לעבודתו ותיקונו של האדם התחתון.** תלמידי וגורי האר"י, ובראש כולם רבי ישראל סרוג ז"ל שקיבל לפי טענתו דרושים אלו מהאר"י זלל"ה, ומבאר עולמות אלו בספרו הקדוש שבר יוסף. רבי ישראל סרוג עזב את צפת לאיטליה לישיבת הרמ"ז, באיטליה הוא הפיץ את תורת האר"י שנקראת קבלה לוריינית, שכללה את תורת העולמות העליונים, בספר שבר יוסף הרב סרוג ז"ל מדבר על עולמות המלבוש שמוזכרים בספר היצירה, עולם הטהירו המוזכר בזוהר, ועוד עולמות גבוה מעל גבוה שומר. יש עוד ספרים שמדברים על הנושא הזה כמו הפרדס לרמ"ק, עמק המלך, שערי גן עדן, מקדש מלך, וגם בעל הלש"ם מדבר על זה בשער פונה קדים, יש עוד ספרים ודרושים בעולמות אלו. **אבל אנחנו נאמנים אך ורק לתורת רבינו חיים ויטאל, ואין לנו להתעסק בדרושים אלו.** יוצא לפי זה, כי לפי ספר עץ חיים הנאצל הראשון הוא א"ק. והוא נרמז בקוק של י' בשם הוי"ה, עם כל זאת צריך לדעת שיש עולמות מעל א"ק. **ועוד צריך לדעת** כי המאור הגדול נקרא בשם אדם קדמון, הרי אדם נקרא על שם אדמה שהיא יסוד העפר, יש לומר כי סוף דבר במחשבה תחילה, לכן שורש האדם התחתון הוא מראשית הנאצלים שהוא א"ק, ואדם קדמון נקרא על שמו של האדם התחתון, והכל נברא בדפוס שלו מעולם לעולם בסוד הפסוק - ויברא אלהי"ם את האדם בצלמו בצלם אלהי"ם ברא אותו, שהם עשר ספירות, רמ"ח אברים, ושס"ה גידין. ותרי"ג[97] האברים והגידים מקבילים לתרי"ג אברים וגידים

מלאכי ג' ו' — כי אני הוי"ה לא שניתי ואתם בני יעקב לא כליתם.

אח"י (כלל) — אין שום שינוי בא"ס, לא בעבר, לא בהוה ולא בעתיד.

אֲדוֹן עוֹלָם אֲשֶׁר מָלַךְ בְּטֶרֶם כָּל יְצִיר נִבְרָא, לְעֵת נַעֲשָׂה בְחֶפְצוֹ כֹּל אֲזַי מֶלֶךְ שְׁמוֹ נִקְרָא, **וְאַחֲרֵי כִּכְלוֹת הַכֹּל לְבַדּוֹ יִמְלוֹךְ נוֹרָא, וְהוּא הָיָה וְהוּא הֹוֶה וְהוּא יִהְיֶה בְּתִפְאָרָה, וְהוּא אֶחָד וְאֵין שֵׁנִי לְהַמְשִׁילוֹ וּלְהַחְבִּירָה, בְּלִי רֵאשִׁית בְּלִי תַכְלִית וְלוֹ הָעֹז וְהַמִּשְׂרָה, בְּלִי עֵרֶךְ בְּלִי דִמְיוֹן בְּלִי שִׁנּוּי וּתְמוּרָה, בְּלִי חִבּוּר בְּלִי פֵּרוּד** גְּדָל כֹּחַ וּגְבוּרָה.. וְהוּא אֵלִי וְחַי גּוֹאֲלִי וְצוּר חֶבְלִי בְּיוֹם צָרָה, וְהוּא נִסִּי וּמָנוּסִי מְנָת כּוֹסִי בְּיוֹם אֶקְרָא, וְהוּא רוֹפֵא וְהוּא מַרְפֵּא וְהוּא צוֹפֶה וְהוּא עֶזְרָה, בְּיָדוֹ אַפְקִיד רוּחִי בְּעֵת אִישָׁן וְאָעִירָה, וְעִם רוּחִי גּוְיָתִי אֲדֹנָ"י לִי וְלֹא אִירָא, בְּמִקְדָּשׁוֹ תָּגֵל נַפְשִׁי מְשִׁיחֵנוּ יִשְׁלַח מְהֵרָה, וְאָז נָשִׁיר בְּבֵית קָדְשִׁי אָמֵן אָמֵן שֵׁם הַנּוֹרָא.

שערי קדושה, חלק א' שער א' — והנה נפש הטהורה שהיא הפרי כלולה מתרי"ג אברים וגידים, מתלבשת תוך תרי"ג אברים וגידין של נפש הטמאה הנקראת קליפת הפרי, ושתיהן יחד מתלבשות בתרי"ג אברים וגידים של הגוף, ונמצאו איברי נפש הטהורה תוך איברי נפש הרעה, ואברי נפש הרעה תוך איברי הגוף. והנה כל אחת משתי נפשות אלו צריכה מזון רוחני להתקיים, ואמנם מזון הרוחני של הנפש הקדושה נמשך אליה על ידי קיום התורה הכלולה מתרי"ג מצות כדמיון תרי"ג אברי הנפש גם הם ונקרא לחם, כמו שכתוב - לכו לחמו בלחמי, וכל אבר מן רמ"ח איברים ניזון ממצווה פרטית המתייחסת לאותו אבר, וכאשר יחסר לאדם קיום איזו מצוה, גם האבר הפרטי המתייחס למצוה יחסר ממנו מזונו, **הנמשך לו מארבע אותיות הוי"ה,** כמו שכתוב -

הרוחניים שבכל עולם ועולם, והם[98] סוד תרי"ג מצוות התורה, שעל ידי קיום המצוות, האדם מתקן את עצמותו, ואת כל העולמות הרוחניים המקבילים אליו בכלל ובפרט, וכל מצוה ומצוה מתקנת את מה שנגדה בעולמות הרוחניים. דמותו וצורתו של האדם הגשמי הוכרח להיות דפוס כל הנאצלים ממרום המעלות עד האדם הארצי. יוצא כי כל העולמות כולם משורשם שהם מא"ק עד העולם הארצי שבו אנו חיים, הם הכנה לעבודת האדם התחתון בסוד לעובדה ולשומרה. כאשר האדם התחתון הוא המאסף לכל המחנות, ומתקן את כולם.

ואתה מחיה את כלם. ובהם תלויים כל המצות כמו שאמרו רבותינו ז"ל - י"ה עם שמי שס"ה ו"ה עם זכרי רמ"ח.

שער הגלגולים הקדמה י"א – והנה כל בחינת הנשמות הנזכרים, כלם נכללו באדם הראשון, **והנה אדם היה כלול מרמ"ח איברים ושס"ה גידים גם בבחינת הנשמות שבו**, באופן כי כל חלק מהנזכר, נתחלק לסדר הנזכר, כיצד, הנה חלק היחידה דאצילות, נחלק לתרי"ג אברים וגידים, וכל אבר וגיד מהם נקרא שורש אחד. וכן החיה, או הנשמה, או הרוח, או הנפש דאצילות, כל בחינה מהם נתחלקה לתרי"ג שרשים. וכן כל בחינת מחמשה פרצופי הבריאה, נתחלקה לתרי"ג שרשים, וכלם נקראים נשמה כנזכר לעיל. וכן כל בחינה מחמשה פרצופי היצירה, על דרך הנזכר לעיל. וכן כל חמשה פרצופי העשיה, על דרך הנזכר לעיל. ועוד אפשר שיתחלקו כל חלק מהנזכר חלוק יותר פרטי.

98

רחובות הנהר ד"ט ע"ד – ונתבאר כי באדם הראשון נכלל כל מחצב הנשמות, והיו כלולים בו כל הנשמות מכתר דאדם קדמון עד סוף העשיה. ונתבאר כי כל כל פרצופים מכל פרטי פרצופי א"ק ואבי"ע דפרטות דא"ק ואבי"ע, כלול מתרי"ג אברים, וכל אבר מתרי"ג אברים הם הם כלול מכל התרי"ג איברים, לפי שנכללו התרי"ג איברים זה בזה, ונתלבשו זה בזה, ונעשו תרי"ג פרצופים מלבישים זה לזה בשוה על דרך הנזכר לעיל בעשר ספירות דכל פרצוף, והכל אחד. כי הנה גוף אדם הראשון שהם הכלים שבו, היה מלביש מכתר דא"ק עד סוף העשיה, והיה כלול מתרי"ג איברים וגידים, אמנם כל זה היה בכל אחד מכל פרצופי דפרטי פרצופי א"ק ואבי"ע, כגון נרנח"י דיחידה שבו, המתפשטים ומתלבשים בחמשה פרצופי הכתר דא"ק, מתלבשים ומתפשטים בכל אורך שיעור קומת דאדם הראשון, מראשו ועד רגליו, המלביש מכתר דא"ק עד סוף העשיה, כלול מתרי"ג איברים וגידים, וכל אבר וגיד כלול מכל התרי"ג, כי כל אבר וגיד נעשה פרצוף אחד שלם כלול מתרי"ג, והיו אלו תרי"ג פרצופים מלבישים זה לזה בשוה. והנה אלו התרי"ג איברים שהם התרי"ג פרצופים דפרצוף הכתר הנזכר דא"ק, כל פרצוף מהם נקרא שורש אחד גדול, שהוא נשמה אחת שלימה, **ובאלו התרי"ג איברים, שהם התרי"ג שרשים הגדולים, שהם התרי"ג נשמות השלימות, נמשכו מגוף התורה, אור התרי"ג מצות, ונתפשטו בתרי"ג איברים האלו הגדולים הנזכרים**, כל מצוה בפרצוף אחד שלם הכולל מתרי"ג, שהוא שורש נשמה אחת שלימה, והיו כל מצוה כלולה מכל התרי"ג מצות, מתפשטים בתרי"ג פרצופים דפרצוף אחד מתרי"ג פרצופים הכוללים הגדולים הנזכר לעיל. נמצא כי כל מצוה הכלולה מתרי"ג היא שורש נשמה אחת שלימה גדולה אמנם, אלו התרי"ג מצות הכללות בכל מצוה אינם התרי"ג מצות השלימות השרשיות הכוללות הגדולות הנזכרים לעיל, כי אם כן במה תשתנה מצוה ממצוה אחרת בשמה ובמעשיה, ובמה ישתנה אבר זה מאבר זה, ותיקון נשמה זו מנשמה אחרת. **והנה מגוף התורה מתפשט ומאיר תרי"ג מיני הארות, להתלבש בכל התרי"ג איברים הנזכרים, לכל אבר כפי סדר הראוי לו התרי"ג מיני אורות, אלו נקראים תרי"ג מצות התורה, וכפי ערך האור וריבוי או מעוט וריחוק וקירוב האורות הנזכרים**, המתפשטים בתרי"ג האיברים כך נשתנית כל שם מצוה ממצוה אחרת בשמה ובמעשיה, **וכפי מה שצריך בהכרח אל הבירור ובמעשה המצוה ההיא להמשיך אור גוף התורה אל האבר ההוא, כך נקרא ששמה על שם האור המתפשט באבר ההוא המתייחס אליו והכל אחד**. אבל עיקר שורש האור אינו משתנה כלל, אלא כלא כלא חדא, ותיקון האבר ההוא ולהמשיך אליו המוחין והשפע מגוף התורה, כך נצטוינו במעשה אותה המצוה המתייחס על שם האבר ההוא, וגם אם היא במעשה אם בדיבור אם במחשבה, כי על ידי פרטי המעשה, או הדיבור, או המחשבה, הנעשה בשלימות גמור במצוה ההיא, נגמר להתתקן האבר ההוא לגמרי, ופחות מזה אי אפשר לו להתתקן, ואי אפשר לו להתתקן באופן אחר. וגם לא במעשה מצוה אחרת, כי בזה נשתנה מעשה מצוה אחת ממעשה מצוה אחרת, כפי התיקון הצריך אל האבר ההוא המיוחס אל המצוה ההיא כנזכר לעיל. **ולפי שאינו דומה האור המתפשט מגוף התורה באבר זה, לאור המתפשט באבר אחר**, על כן נשתנה שם כל מצוה ממצוה אחרת, על שם התפשטות האור באבר ההוא. אבל עיקר ושורש כל האור המתפשט בכולם, אינו משתנה כלל אלא כולא חד.

וְהִנֵּה מִן הָא"ס נִשְׁתַּלְשֵׁל[99] ר"ל נאצל יש מאין, בסוד[100] הפסוק אני הוי"ה לא שניתי, **אֲזוֹר כָּךְ**[101] מרצונו הפשוט והבלתי חסר את **מְצִיאוּת הַמָּאוֹר הַגָּדוֹל הַנִּקְרָא א"ק לְכָל הַקְּדוּמִים,** **כְּמוֹ שֶׁמְּבוֹאָר בְּעָנָף ג'**[102], למה א"ק נקרא אדם, לסיבה כי א"ק נאצל בדמות האדם התחתון בעל שלושה קוים, ימין שמאל ואמצע. כאשר יש לו מוח בצד ימין, הנקרא חכמה, יד ימין, רגל ימין, וזהו קו החסד הנקרא חח"ן. ויש לו מוח בצד שמאל, הנקרא בינה, יד שמאל, רגל שמאל, וזהו קו הגבורה הנקרא בג"ה. ויש לו מוח אמצעי, הנקרא דעת, גוף, וברית, וזהו קו התפארת הנקרא דת"י. כמובן כל פרקי הגוף האלה הם רוחניים בתכלית הרוחניות, רק נמשלו לחלקי גוף האדם החומרי, רק שדיבירה התורה בלשון בני אדם. ולמה הוא נקרא אדם קדמון, כי הוא קדם לכל הנאצלים תוך החלל זה. **וַאֲזוֹר כָּךְ נִשְׁתַּלְשְׁלוּ** ר"ל נאצלו **בִּמְנוֹ** מהא"ס, שהוא מקור הכל דרך עולמות דא"ק, **הָאוֹרוֹת הַנִּתְחַלִּין בָּא"ק** ר"ל משורש בפנימיות א"ק, ויוצאים ענפים והארות שלהם מחוץ א"ק דרך נקביו, ומלבישים אותו, והאורות היוצאים מפנימיות א"ק לחוץ הם בכללותם ארבעה אורות, ונקראים[103] עסמ"ב, ונקראים טנת"א. ובפרטות הם שש עשרה אורות שהם עסמ"ב דעסמ"ב, או טנת"א דטנת"א, ומתפשטים עד אין קץ בחינות, ולכן **הִנֵּה הֵם אוֹרוֹת רַבִּים**[104] **הַיּוֹצְאִים מִתּוֹכוֹ** של א"ק, **וּמְאִירִין זוּזָה לוֹ.**

האורות היוצאים מפנימיות א"ק דרך הקרקפתא נקראים עסמ"ב או טנת"א דטעמים, והם[105] נקראים שערות, ומתפשטים עד המצח והאוזניים, ומאירים בסוד מותרי המוח, והם בחינת אור חיה דכתר דא"ק, שהוא מאיר מבחוץ בסוד השערות. אֶת[106] האורות האלו הרב ז"ל לא מבאר את סודם.

99

הָרַמַ"ק הַקָּדוֹשׁ, סֵפֶר אֵלִימָה פ"ד – מי שחושב שהספירות, והעולמות והנבראים הם מציאות שהשתלשלו מהא"ס (כלומר הם היו מחוברים בו ונפרדו ממנו) עוון פלילי לחשוב כך.

100

מַלְאָכִי ג' ו' – כי אני הוי"ה לא שניתי.

101

תרשים א – א.

102

ע"ח ש"א עָנָף ג' דִי"ג ע"א – ואחר כך נאצלו עשר ספירות בבחינת יושר, כמראה אדם, והם יותר מעולים במעלה מן העגולים, כי הם בחינת רוח, והם עשר כלים בציור אדם אחד, כולל כל עשר כלים, ובכל כלי מהם יש בו פנימיות וחיצוניות, ובתוך הכלים האלה מתלבשים עשר ספירות בבחינת העצמות אורות, הנקרא רוח, ועוד יש עשר אורות אחרים המקיפים על הכלים מבחוץ, וגם הם מבחינת רוח, **וְהַכֹּל הוּא בְּדֶרֶךְ יוֹשֶׁר עָשׂוּי כְּמַרְאֵה אָדָם הַנִּזְכָּר לְעֵיל,** ועל דרך זה בכל העולמות הנאצלים, והנבראים, והיצורים, והנעשים, אשר נתקנו תוך המקום החלל והאויר הפנוי כנזכר לעיל, כי במקום הזה נתהוו כל העולמות כולם, אין דבר חוצה לו, ואור א"ס מקיף וסובב עליהם, ומאיר לכל העולמות אשר בתוך המקום הזה, מכל צדדיהם בהשוואה אחת.

103

ע"ח ש"ה פ"א מ"ת ד"כ ע"ב – ונבאר עתה ענינים, **דַּע כִּי אֵין מְצִיאוּת צִיּוּר קוֹמַת אָדָם בְּעוֹלָם שֶׁלֹּא הָיָה בּוֹ כְּלָלוֹת אַרְבָּעָה בְּחִינוֹת,** אשר כוללים כל האצילות, וכל העולמות כולם. ואלו הם, **ע"ב** כזה יו"ד ה"י וי"ו ה"י. **ס"ג** יו"ד ה"י וא"ו ה"י. **מ"ה** יו"ד ה"א וא"ו ה"א. **ב"ן** יו"ד ה"ה ו"ו ה"ה. והנה אלו הארבע הוי"ת הנחלקים לארבעה מלואין, האלו הם ארבעה בחינות אלו הטעמים שם ע"ב. הנקודות שם ס"ג. התגין שם מ"ה. האותיות שם ב"ן. וכל אחד מאלו הארבע הוי"ת כלול מכולם, ויש בכל הוי"ה מהם בחינת טנת"א.

104

תרשים א – ב.

105

שיר השירים ה' י"א – ראשו כתם פז קווצותיו תלתלים שחורות כעורב. **מפרש המלבי"ם - קווצותיו.** השערות הם **מותרי המוח,** שפנימית המוח בוקע ויוצא ומתגלה על ידי השערות, שהוא ציור אל אורות

הרב ז"ל מבאר כאן את בחינת העולמות והאורות היוצאים מתוך פנימיות א"ק ולחוץ באופן כללי. **ויש קושיה,** והיא מדוע הרב ז"ל מקדים את המוחין לגולגולת, הרי הגולגולת היא **הכתר,** והמוחין הם **חכמה, בינה, ודעת.** במאחז הספירות הכתר הוא הראשון, ואחר כך באים החב"ד. לעומת זה באדם הגשמי הגולגולת היא בחינת מגן למוח, ונראה בחוש כי הגולגולת שומרת על המוח. אבל **צריך לדעת**[107] כי לכתר עצמו יש בחינת פנימיות וחיצוניות, כאשר פנימיות הכתר היא בחינה רוחנית גבוהה יותר מהמוחין עצמם, ובתוך[108] הבחינה הזאת של פנימיות הכתר הנקרא **כתר**[109] **עליון יש את שורשי המוחין,** וחיצוניות הכתר היא הגולגולת ששומרת על המוחין, ובחינתה קטנה מן המוחין. בסוגיה זאת מדובר על **הכתר העליון הנקרא גולגלתא.** ועוד **צריך לדעת** כי מהעין יוצאים שתי[110] בחינה של אורות, **האחד עצמות אור העין,** הנקרא ע"ב דע"ב דס"ג, ואור זה נעלם, כאשר[111] הרב ז"ל לא מבאר אותו, והוא[112] סוד העין הטובה, והעין

המחשביות, הנעלמות, הצפונות, הבוקעות ויוצאות לחוץ דרך נקבי משכיות השערות, שזה מורה ראשית התגלות מחשבתו הנעלמה, הם תלתלים תלי תלים, **כי בהם תלויים עולמות שאין להם סוף,** אבל הם שחורות כעורב, **צבע השחור הוא הבולע את האור בתוכו, וזה משל על רוב התעלמותם שאורן גנוז בהם וצפון בתוכם בלתי מתגלה מהם מאומה,** ודומים כעורב, ותערובות שאין ניכר לנו מהם שום הבדלה ורושם כלל.
106

ע"ח ש"ה פ"א מ"ת ד"כ ע"ב — והנה בחינת קרקפתא של זה הא"ק שהוא ראש, עד בחינת מקום האזנים שלו, נקרא בחינת שם ע"ב, והוא סוד הטעמים שבו כנזכר לעיל, עם היות שגם בבחינה זו לבדה כלולה טנת"א, **אלא שאין לנו רשות לדבר בזה.**
107

דברי שלום ש"א פ"א דכ"ג ע"ב — עוד צריך לומר דלמה הקדים המוח לגולגולת, שהוא הכתר, והלא כל הני שמזכיר הוא בסדר המדרגות, כל הגדול מחבירו, כמו שיראה הרואה. ואם כן נמי הוה ליה גולגולת להמוח, **כנודע דהכתר הוא למעלה מחב"ד.**
108

דברי שלום ש"א פ"א דכ"ג ע"ג — אבל האמת הוא כי הכתר הוא גבוה מאד מאד מן המוחין, ויש בו פנימיות וחיצוניות, (ופנימיות) שבו מתפשט למטה, ונעשה גולגולת ומקפת את הארבעה מוחין. ובחינה זו הוא טפל אל המוח, יע"ש. ולכך כתב הכא גולגולת, ולא כתר, למרות שהוא על בחינת שערות שיוצאים על גבי הגולגולת.
109

ע"ח ח"ב שכ"ה דרוש ה' מ"ב די"א ע"ב — וביאור הדבר, הנה אם כפי מה שחושבין בני אדם שהגלגלת הוא הכתר, והמוחין חב"ד שבתוך הגולגלת, אם כן נמצא היות חב"ד שהם המוחין, גדולים לאין קץ על הגולגלת שהוא כתר, יען הוא לבוש שלהם, וזה לא יעלה בדעת כלל. **אך העניין כי בודאי שהכתר הוא למעלה מן המוחין, ואין המוחין בתוכו כלל, אלא למטה ממנו, כי כתר גבוה מהם מאד מאד,** וזהו פשוט. ואמנם הכתר הוא משני בחינות חיצוניות ופנימיות, שהם מוחין עליונים גמורים, ואותן המוחין שבתוכו הם עליונים מאד מאד לאין קץ, על המוחין דז"א הנקרא חב"ד, וכל זה עומד למעלה מן המוחין הנקרא חב"ד. ואמנם חיצוניות הכתר הזה לבד הוא מתפשט, ונמשך למטה בסוד הגלגלת להקיף, ולהכתיר המוחין תחתונים הנקרא חב"ד.

נהר שלום דכ"א ע"א — נמצא כי תכלית כונת הברכה, כפי ביאור כונת האחד הוא זה שבמלת ברוך יכוין **להמשיך שפע מכתר עליון לחב"ד דכתר,** שהם שרשי או"א וישסו"ת, והם עתיק ונוקבא, חכמה ובינה, וא"א ונוקבא, דעת, ולזווגם. ולהמשיך מהם השפע גם לאו"א וישסו"ת, שגם הם בכלל חב"ד, כמבואר בדרוש הדעת, ובכונת השופר.
110

דברי שלום ש"ח פ"א דל"ג ע"ד — ויש לומר דאור העין עצמו ודאי שהוא גדול, שהוא אור החכמה, אבל אור זה של הנקודות אינו אור החכמה, אלא אור העולה מפנימיות א"ק כדי לצאת לצורך הנקודים, **והוא יוצא דרך העינים.** ואור זה הוא קטן מאורות אח"פ, שזה טעמים וזה נקודות, ויען שהוא קטן בסוד נקודה לבד, אינו יוצא הכל דרך נקב כמו אח"פ, לפי שאין בו הבל, אלא אורו מעט כמו אור הסתכלות העין, ולכך יצא דרך העינים בדרך הסתכלות.
111

ע"ח ש"ד פ"א מ"ק די"ז ע"ג – כבר ידעת היות ארבעה יסודות לכל, והם ראיה, שמיעה, ריחא, דבור. והם ארבע אותיות הוי"ה. והם סוד נשמה לנשמה ונר"ן. **ונתחיל לבאר מסוד הנשמה ואילך**, ואחר כך נתחיל לקודם אליה, ונאמר כי הלא נמשיל ונצייר ה= האזנים, כי יש בהם רוח דק בתוכם והניסיון לזה כאשר יסתום האדם אזניו, ישמע בתוכו קול הברה מחמת הרוח הנצרר בתוכו. אחר כך מחוטם יוצא מתוכו הבל יותר נרגש מאזן. ואחר כך מן הפה יוצא הבל יותר נרגש מכולם. וכפי ערך הדברים ובחינתם, כך יהיה דקותם, כי אוזן להיותו סוד בינה, ההבל היוצא ממנו הוא יותר דק מהבל היוצא מחוטם. וכן החוטם הוא יותר דק מהבל הפה, שהוא למטה ממנו במעלה. אמנם אם נמשיל ונאמר דרך משל, כי מסוד האוזן נמשך ממנו הבל ורוח מתוכו ולחוץ, והוא סוד נשמה, וההבל היוצא מחוטם סוד רוח, וההבל היוצא מהפה הוא סוד נפש.
112

משנה מסכת פרקי אבות פ"ב י"ב – אמר להם, צאו וראו איזו היא דרך טובה שידבק בה האדם. רבי אליעזר אומר, **עין טובה**. רבי יהושע אומר, חבר טוב. רבי יוסי אומר, שכן טוב. רבי שמעון אומר, הרואה את הנולד. רבי אלעזר אומר, לב טוב. אמר להם, רואה אני את דברי אלעזר בן ערך מדבריכם, שבכלל דבריו דבריכם. חזר ואמר להם, צאו וראו איזו היא דרך רעה שיתרחק ממנה האדם. רבי אליעזר אומר, **עין רעה**. רבי יהושע אומר, חבר רע. רבי יוסי אומר, שכן רע. רבי שמעון אומר, הלווה ואינו משלם, אחד לווה מן האדם כלווה מן המקום ברוך הוא, שנאמר - לווה רשע, ולא ישלם, וצדיק, חונן ונותן. רבי אלעזר אומר, לב רע. אמר להם, רואה אני את דברי אלעזר בן ערך מדבריכם, שבכלל דבריו דבריכם.

גמרא סוטה דל"ח ע"ב – ואמר רבי יהושע בן לוי, אין נותנין כוס של ברכה לברך, **אלא לטוב עין**, שנאמר - טוב עין הוא יברך כי נתן מלחמו לדל, אל תיקרי יבורך, אלא יברך.

גמרא בבא מציעא דק"ז ע"ב – והסיר הוי"ה ממך כל חולי, אמר רב, זו עין,. רב לטעמיה דרב סליק לבי קברי, עבד מאי דעבד, אמר תשעין ותשעה בעין רעה, ואחד בדרך ארץ. **מפרש רש"י** - דבר שכל החולאים תלויים בו, וזו העין, עין הרע.

גמרא חגיגה ד"ה ע"ב – אמר רבן שמעון בן גמליאל, כל מקום **שנתנו חכמים עיניהם**, או מיתה או עוני.

גמרא שבת דל"ג ע"ב – אתא אליהו, וקם אפיתחא דמערתא, אמר מאן לודעיה לבר יוחי דמית קיסר, ובטיל גזירתיה. נפקו חזו אינשי דקא כרבי וזרעי, אמר מניחין חיי עולם ועוסקין בחיי שעה, **כל מקום שנותנין עיניהן מיד נשרף**, יצתה בת קול ואמרה להם להחריב עולמי יצאתם, חיזרו למערתכם.

גמרא שבת דל"ד ע"א – אמר רבי שמעון **איכא איניש דידע דאיתחזק הכא טהרה** האם יש איש היודע שהמקום הזה מוחזק פעם היה בטהרה, **אמר לו ההוא סבא** זקן אחד **כאן קיצץ** רבי יוחנן **בן זכאי** שהיה כהן **תורמסי תרומה** כלומר מקום זה הוא ספק טומאה , שתל בו רבי יוחנן בן זכאי תרמוסים של תרומה, לפי זה המקום מוחזק כטהור, כי רבי יחנן עמד במקום זה וגם שתל בו תרמוסים של תרומה, שהם חייבים להיות בטהרה, **עבד איהו נמי הכי** עשה גם כן רבי שמעון ופיזר תרמוסים באזור שהיה בו ספק, ונעשה נס, וצפו כל המתים מעל פני הקרקע באותו מקום, **כל היכא דהוה קשי טהריה** וכל מקום שהעפר נשאר קשה טיהר אותו רבי שמעון, **וכל היכא דהוה רפי צייניה** וכל מקום שהעפר היה רפוי ציין אותו רבי שמעון כמקום קבר, כדי שידעו הכהנים היכן ללכת. **אמר ההוא סבא** בלגלוג **טיהר** רבי שמעון **בן יוחי בית הקברות, אמר לו** רבי שמעון **אילמלי לא היית עמנו** ולא מסכים לדעתינו להיות נמנה עם המטהרים, **ואפילו היית עמנו ולא נמנית עמנו** ולא מסכים להיות עם המטהרים, **יפה אתה אומר** ורשאי אתה לחלוק על דעתנו, כי כך דרכה של תורה, **עכשיו שהיית עמנו ונמנית עמנו** ומסכים אתה להיות עם המטהרים, אבל חזרת לחלוק ולערער עלינו בפומבי, **יאמרו** הבריות **זונות מפרכסות זו את זו** קולעות את השער אחת לשניה, ומיפות אחת את השניה, **תלמידי חכמים לא כל שכן** גם תלמידי חכמים ראוי להם לנהוג כבוד זה לזה, **יהב ביה עיניה** נתן בו רבי שמעון את עיניו באותו זקן, **ונח נפשיה** ומת אותו זקן. **נפק לשוקא** יצא רבי שמעון לשוק **חזייה ליהודה בן גרים** וראה את יהודה בן גרים (אותו אחד שגרם לרבי שמעון לברוח מפני הרומאים ולהסתתר במערה י"ג שנים), **אמר** רבי שמעון **עדיין יש לזה** נמצא אדם זה **בעולם, נתן בו עיניו ועשהו גל של עצמות**.

גמרא סנהדרין ד"ק ע"א – כי הא דיתיב רבי יוחנן וקא דריש, עתיד הקדוש ברוך הוא להביא אבנים טובות ומרגליות, שהן שלשים על שלשים אמות, וחוקק בהם עשר ברום עשרים, ומעמידן בשערי ירושלים, שנאמר - ושמתי כדכוד שמשותיך ושעריך לאבני אקדח וגו', לגלג עליו אותו תלמיד, אמר השתא כביעתא דצילצלא לא משכחינן כולי האי משכחינן. לימים הפליגה ספינתו בים, חזינהו למלאכי השרת דקא מנסרי אבנים טובות

ומרגליות, אמר להו הני למאן, אמרי עתיד הקדוש ברוך הוא להעמידן בשערי ירושלים, כי הדר אשכחיה לרבי יוחנן דיתיב וקא דריש, אמר ליה רבי דרוש ולך נאה לדרוש, כשם שאמרת כך ראיתי, אמר לו ריקה אם לא ראית לא האמנת, מלגלג על דברי חכמים אתה, **יהב ביה עיניה ועשאו גל של עצמות.**

גמרא יבמות דק"ו ע"א – אמר ליה אבוך היכא, אמר ליה במתא (בעיר). אימך היכא, אמר ליה במתא, **יהיב בהו עיניה ושכיבן** (נתן בהם עיניו, ומתו).

בן יהוידע ח"ג, מסכת חגיגה דמ"א ע"ד – כל מקום **שנתנו בו חכמים עיניהם** או עוני או מיתה. נראה לי הטעם לשתים אלו, שיהיו על ידי חכמים בעלי תורה, משום לבתורה כתיב - אורך ימים בימינה בשמאלה עושר וכבוד, ולכן נותנת כח ללומדיה להעניש **במיתה מצד כח הימין**, ובעוני מצד כח השמאל. ומה פרשתי בס"ד, מה שאמר אליעזר ללבן ובתואל - ואם לא הגידו לי ואפנה על ימין או על שמאל, כי אליעזר היה בעל תורה, כמו שאמרו רז"ל על פסוק - הוא דמשק אליעזר, שדולה ומשקה מתורת רבו לאחרים, ועל כן יש לו שני כוחות להעניש, במות מצד ימין, ובעוני מצד שמאל, ולזה אמר ברמז שאם לא תתנו, הגידו לי, ואז אפנה על ימין להעניש אתכם במיתה, או על שמאל להעניש אתכם בעוני. וסוף דבר באותה הלילה העונישם במיתה, שמת בתואל מפני שלא היה שלם בלבם בדבר זה, שחשבו להערים. **והא** דקאמר יהב ביה רבנן עינייהו. **אין הכונה שהיה ברבנן קוין של עין הרע כדרך בני אדם המטילים עין הרע,** אלא מכח דיבורם זה נתקנאו הקליפות והחיצונים, והם הטילו עין הרע, אך מחמת דהטילו עין הרע מכח דברים אלו שדברו רבנן לרבא, לכך מייחס הטלת העין להם. ואמר **הבו ביה רבנן עינייהו,** וכן העניין **בכל מקום** שתמצא בתלמוד דברים כיוצא כאלו.

עוד יוסף חי דרשות, חיי שרה – ואם לא הגידו לי ואפנה על ימין או על שמאל. נראה לי בסעיתא דשמיא על מה שאמרו בגמרא פרק קמא דחגיגה - **כל מקום שנתנו בו חכמים עיניהם או מיתה או עוני.** ופרשתי הטעם שניתן הכח הזה לחכמים, מפני שהם בעלי תורה, דכתיב בה - אורך ימים בימינה, ובשמאלה עושר וכבוד. **ולכן יש להם כח מצד הימין ששם החיים לגזור על הרשעים מיתה, ויש להם כח מצד שמאל ששם העושר, לגזור על הרשעים עוני.** וידוע דאליעזר היה בעל תורה, וכמו שאמרו רז"ל על הפסוק - הוא דמשק אליעזר, שדולה ומשקה מתורת רבו לאחרים. ולכן יש לאיעזר שתי כוחות אלה, היינו לגזור מיתה מצד ימין, ולגזור עוני מצד שמאל, ולכן רמז להם על פי דרכו, שאם יסרבו לומר - לא ניתן את רבקה, אז יפנה על ימין ויגזור עליהם מיתה, או על שמאל ויגזור עליהם עוני. **וסוף דבר דבריו אלו עשו רושם,** אף על פי שהיו על תנאי, כי מת בתואל אביה באותה לילה, אף על פי שלא סירבו.

אור החיים הקדוש, שמות י"א ה' – עוד ירצה על דרך אומרם ז"ל **יהב ביה עיניה וקטליה,** גם אמרו **ונעשה גל של עצמות.** והנה דברים אלו בהשקפה ראשונה ירחקם השכל, **כי איך תהיה ראיית צדיק לרעה,** והלא כתיב - טוב עין הוא יבורך, גם ציין רבי שמעון בן יוחאי רז"ל לרע עין המזיק בעינו כי הוא חלק רע. אכן אחר ההשקפה בדקדוק אומרם יהיב עיניה, היה לו לומר ראה בו בעיניו, אלא להיות כי כל חלק רע שבעולם בהכרח כי יהיה לו דבר המעמיד כל שהוא מהחיוני שהוא בחינת הטוב, כי חלק הרע שם מיתה יש לו, ואיך יהיה ויהיה במציאות, ואין צריך לומר שיתנועע וילך כבעלי חיים. לזה בהכרח שיהיה בו חלק כל שהוא מבחינה הנקראת חיים, וזה חלק טוב. ובזה תשכיל להבין מאמרם ז"ל. כי לעתיד לבא יביא הקדוש ברוך הוא לס"מ וישחטנו במעמד הצדיקים וכו', עד כאן. ודברים אלו אין להם משמעות כי לא יוצדק שחיטה למלאך, ולמה שהקדמנו תהיה הכוונה **כי יסיר ממנו חלק המחייהו ובהסרת ממנו חלק הטוב זו היא שחיטתו.** עוד יש לך לדעת כי כל מקור ישאף למינו וישאבנו, וזה הוא סוד בחינת **בירורי ניצוצי הקדושה** באמצעות נשמות ישראל ועסק תורתם, **והצדיקים העצומים קדמונינו יכירו בהביטם באדם רשע לברר ממנו כח החיוני שהוא בחינת הטוב באמצעות הראיה הדקה אשר יביטו בעין החכמה להוציא חלק הטוב ההוא.** כי כשיתכוין למול ענף הקדושה תעשה בו נפש הצדיק כמעשה אבן השואבת לברזל הנקראת קאלמיט"ע בלע"ז, שתוציאנו ממקום שנקבע שם בראיה. והוי"ה עשה דמיונות בעולם להאמין אדם בתורת חכם. ומעתה נמצא דעת אלהי"ם באומרו ומת כל בכור, פירוש כי באמצעות שאני עובר בתוך מצרים בזה ימות מעצמו כל בכור, **כנתינת עין של חכמים ברשעים ועושים אותם גל של עצמות,** כמו כן הדבר הזה, שיפריד מהם באמצעות העברתו שם כל נשמות הבכורות, והבן הדברים.

אור תורה, על הגדות חז"ל מהמגיד ממזיריטש – נתן עיניו בו ונעשה גל של עצמות. פירוש כי כשהצדיק באהבתו ויראתו והתפארותו להקדוש ברוך הוא, אז יוכל להמשיך עמו כל האנשים אשר הם קדושים בקדושתו

הרעה. הבחינה השניה[113] היא אור **היוצא דרך העין**, ר"ל העין היא רק בחינת מעבר לאור הזה, ואור זה נקרא בכללות ס"ג דס"ג, וב"ן דעסמ"ב דב"ן. ומהבחינה השניה נבנה עולם הנקודים.

ומא"ק[114] יצאו אלפי רבי רבבות של עולמות, שבכללותם[115] הם ארבעה עולמות אבי"ע, ש**מהם תלויין ממוווזו** דא"ק, דרך השערות דקרקפתא[116], והם עולמות שאין לנו הסגה בהם, ואסור לחקור בהם, **ומהם מגולגלתא** והם עולמות כתר דא"ק, והם **מקבלים** לפרצופי גולגלתא דא"א[117], **ומהם בעיניו** של א"ק, ואורות אלו נקראים ע"ב דע"ב דס"ג, שהוא אור **עיקר עצמות העין**[118], והם בחינת חיה ביחס לאורות האח"פ

גם כן. כי כל מין מדבק במינו, כמו מים במים נעשה אחדות. אבל מי שהוא מינו, אלא שהחומריות מעכב שאין יכול לעלות עמו, **אז עיקר החיוני (ב"א החיות), שהוא מהקדושה, נמשך עם הצדיק כי הוא ממינו, ושאר לבושים של רשע, שאינם ממינו, נתפרד ונעשה גל של עצמות, כי כבר הוציא הניצוצות ממנו ואין לו חיות**. וזהו נתן עיניו בו, לשון בהירתו להעלותו, והלה נמנע.
113

ע"ח ש"ח פ"ח מ"ב דל"ו ע"ב – אמנם האור הראשון שהיה בתחלה למטה ועלה למעלה, שוב לא ירד, ונשאר שם מהטבור ולמעלה, ושם הניח שורשו תמיד, ומשם נתפשט **ויצא דרך העינים**, והם הם הנקודים, ונמשך ונתפשט בחוץ עד סיום רגליו דאדם קדמון כנזכר לעיל.
114

ע"ח ש"ג פ"א מ"ב דט"ז ע"ב – וזה הא"ק נחלק לאלפים ולרבבות עולמות, ותחילת התחלקותו הם ארבע עולמות, הנקרא ראיה, שמיעה, ריחא, דיבור, הנזכר בתיקונים תיקון ע' דף קכ"א. ומהם מתחלקים עולמות לאין קץ, וכל אלו הבחינות נרמזו במאמר פקודי הנזכר לעיל למבין. וזה האדם נרמז בקוצו של יו"ד דשם הוי"ה, כי הוא בחינת הכתר של כללות העולמות, ואור א"ס בכח התלבשותו בחכמה דא"ק זה, האציל תחתיו עולם האצילות, וזה סוד כולם בחכמה עשית..........
115

ע"ח ש"ה פ"א מ"ת ד"כ ע"ב – ונבאר עתה עניינם דע כי אין מציאות ציור קומת אדם בעולם, שלא היה בו כללות ארבע בחינות, אשר כוללים כל האצילות, וכל העולמות כולם, ואלו הם, **ע"ב** כזה - יו"ד ה"י וי"ו ה"י. **ס"ג** - יו"ד ה"י וא"ו ה"י. **מ"ה** - יו"ד ה"א וא"ו ה"א. **ב"ן** - יו"ד ה"ה ו"ו ה"ה. והנה אלו הארבע הוי"ות הנחלקים לארבע מלואין, האלו הם ארבעה בחינות אלו, הטעמים שם ע"ב. הנקודות שם ס"ג. התגין שם מ"ה. האותיות שם ב"ן. וכל אחד מאלו הארע הוי"ות כלול מכולם, ויש בכל הוי"ה מהם בחינת טנת"א. והנה בחינת קרקפתא של זה הא"ק שהוא ראש עד בחינת מקום האזנים שלו, נקרא בחינת שם ע"ב, והוא סוד הטעמים שבו כנזכר לעיל, עם היות שגם בבחינה זו לבדה היא כלולה טנת"א, **אלא שאין לנו רשות לדבר בזה**. והנה אף על פי שאנו מכנים וקוראים כאן כינויים אלו, כגון אדם, ראש, אזנים, וכיוצא, אינו רק לשכך האזן, לשיובנו הדברים. לכן אנו מכנים אלו במקום גבוה כזה. אמנם עיקר כינויים אלו הם מעולם האצילות ולמטה, שהוא מן א"א דאצילות ולמטה, כי משם ואילך יש בחינת פרצוף, אבל מא"א ולמעלה, אין שם בחינת פרצוף כלל, **רק לשכך האזן** אנו מכנים כינויים אלו.
116

ע"ח ש"ה פ"א מ"ת דכ"א ע"א – ואחר כך הוציא בחינת החיצוניות להלבישו, ותחלה הוציא אורות מן ע"ב הכולל הפנימי, שהוא השערות של הכתר מקיפים ראשו מבחוץ עד המצח, ועד האזנים, כנודע.
117

ע"ח שי"ג פ"ה מ"ת דס"ב ע"ד – הנה הראש עליון הנקרא גולגלתא, רישא חוורא, הוא סוד הכתר דא"א, ויש בו י"ג תיקונים, שהם י"ג אותיות שבשלוש הוי"ת שבו כנזכר לעיל, עם כללותן והם י"ג, הנזכר באדרא נשא דקכ"ח ע"ב, וז"ל - האי גולגלתא חוורא דיליה אנהיר לי"ג עיבר גליפן, הענין הוא כי האי רישא חוורא יש בה י"ג תקונין דמתפשטין בה, מהאי חוורתא דיליה, והוא בחינת הלבנונית שיש בגולגלתא בין שער לשער, כנזכר שם.
118

הנקראים נר"ן[119], **ומהם**[120] **מאזניו** של א"ק, ואורות אלו נקראים ס"ג דע"ב דס"ג, והם בחינת נשמה, **ומהם**[121] **מזוטמו** של א"ק, ואורות אלו נקראים מ"ה דע"ב דס"ג, והם בחינת רוח, **ומהם**[122] **מפיו** של א"ק, ואורות אלו נקראים ב"ן דע"ב דס"ג, שהם בחינת נפש, ונקראים עולם העקודים, **ומהם**[123] **ממצחו** של

ע"ח ש"ח פ"א מ"ת דל"ד ע"א – ונבאר עתה עולם הנקודים, **והם בחינת אורות היוצאין דרך נקבי עינים דא"ק**. והנה כבר ביארנו לעיל כי ארבעה בחינות יש, והם ארבע הויו"ת ע"ב, ס"ג, מ"ה, ב"ן, ובכל בחינה מהם יש תנת"א. והנה המוחין של א"ק הם הוי"ה דע"ב. ומן בחינת האזנים ולמטה, עד תשלום כל סיום א"ק הוא בחינת ס"ג עד סיום הרגלים שלו. אמנם ענין זה היה בתחלה קודם מיתת מלכים בעולם הנקודים, ואחר כך היה בחינת מ"ה וב"ן, ממקום טיבור שלו עד למטה בסיום הרגלים, כמו שנבאר בע"ה. והנה כבר ביארנו כי בשם ס"ג יש תנת"א, והטעמים נחלקים לשלוש חלוקות, שהם אח"פ. ואמנם הנקודות הם בחינת **אורות הנמשכים** מן העינים שלו. והענין הוא כי הנה ההבל היוצא מנקבי אזנים הוא הבל מועט, כי אם יניח אדם אצבע על נקב האזן, ויסתום אותו בחזוק, ירגיש קול הברה בתוכו, וזה מחמת תנועת ההבל שבתוכו, שרוצה לצאת לחוץ ואינו יכול, אמנם בהסיר האצבע אינו נרגש. והנה מן ההבל הזה יצאו עשר ספירות מבחינת האזנים, כמבואר למעלה. ואחר כך בחוטם יש הבל יותר מורגש, ויצאו בחינת עשר ספירות של חוטם כנזכר לעיל. ואחר כך בפה יש הבל יותר נרגש מכולם, לפי שכל מה שהאור יורד למטה, הוא ניכר ונרגש יותר, ומתגלה שם, ומשם יצאו העשר דעקודים, ואלו השלשה מקומות הם בחינת הטעמים דס"ג. ואחר כך מן העין יצאו הנקודות דס"ג, ולכן אין כל כך הבל בעין כמו בשלוש מקומות הנזכרים לעיל, כי אין דומה אור הנקודים הקטן כמו הטעמים, אבל עם כל זה מצינו קצת כח בהסתכלות העין, כנראה בחוש העין בטבע, כענין ביצת בת היענה שנולד האפרוח על ידי הסתכלותה, זמן מה בלתי שתשב על הביצים לחממם כמו שאר העופות, וזה יורה היות היות כח ממשית בהסתכלות העינים. והנה מבחינת הסתכלות הזה של העינים יצאו הנקודות.
119

תרשים א – ג.
120

ע"ח ש"ה פ"א מ"ת ד"כ ע"ג – ונאמר כי הנה דרך **נקבי אזנים שבו יוצא אור מפנימיות הא"ק הזה**, ופשוט הוא שבצאתו לחוץ מתעבה קצת, נמצא כי אור שנשאר בפנימיות א"ק גדול מזה האור היוצא לחוץ ממנו, אבל ודאי שזה האור היוצא הוא יותר גדול מבחינת כלים והגוף של א"ק הזה, וזה פשוט. והנה כאשר יצא האור דרך נקבי האזנים ימנית ושמאלית, נתפשטו האורות האלו מבחוץ, ממקום האזנים עד מקום שבולת הזקן, ונמשך בהתפשטותו מנגד התפשטות שער הזקן הצומח בלחיים, בצדדי הפנים, וכנגדו נתפשט ונמשך אור הזה, עד שמגיע למטה בשבולת הזקן, ושם מתחברים האורות היוצאים משני נקבי האזנים, אמנם לא נתחברו בחבור גמור, אבל נשאר ביניהם חלל מעט.
121

ע"ח ש"ה פ"ב מ"ת דכ"א ע"ד – אחר כך **באו הטעמים האמצעיים, והם בחינת אור היוצא מחוטם דא"ק**, וחוטם גימטריא ס"ג, גם מכאן נמשך ויוצא אור דרך ב' נקבי החוטם ימין ושמאל, ימין מקיף, ושמאל פנימי, על דרך הנזכר באזן, ונמשכו ביושר עד החזה של זה הא"ק, וזהו עיקר האור.
122

ע"ח ש"ו פ"א מ"ת דכ"ד ע"ב – אחר כך באו **הטעמים התחתונים שמתחת האותיות, והם בחינת אורות היוצאים דרך הפה של א"**ק משם ולחוץ, והנה בכאן נתחברו האורות חיבור גמור, כי הרי הם יוצאים דרך צינור אחד לבד.
123

ע"ח ש"י פ"ב מ"ח דמ"ח ע"ב – והנה אור שם מ"ה החדש הזה, היוצא מן המצח הוא מ"ה הא"ק הוא אחרון מכולם, לכן אין בו לא בחינת הבל כמו השלוש, ולא בחינת הסתכלות כמו נקודת העין, ואין בו רק בחינת הארה לבד. וזו שנזכר תמיד בזוהר באדרא זוטא במצחי אתגלי כו', כי אין בה רק גילוי הארה לחוד, גם זה מה שכתוב בזוהר במקומות רבים, כד סליק ברעותיה למברי עלמא דאצילות, פירוש כי מצח הרצון דא"ק סליק ברעותיה למברי עולם האצילות, על ידי אור מ"ה חדש היוצא ממנו, אשר על ידו נתקן כל האצילות, כמו שנבאר בע"ה. ונמצא כי פירוש רעותא הוא סוד מצח הרצון הנזכר, כי תרגום רצון רעותא. והנה לפי שבחינת ע"ב הוא בראש

א"ק. הרב ז"ל מזכיר את המצח אחרי כל נקבי הפנים, **וידוע**[124] כי המצח הוא במדרגה יותר גבוהה מכל נקבי הפנים, והוא בחינת יחידה בערך שאר נקבי הפנים. בעומק הענין כאן הרב ז"ל לא מדבר על אור המצח עצמו, אלא על אור הנקרא **מ"ה החדש**, שיוצא דרך המצח בזמן תיקון העולמות **וזוצ̇ה לו** לתקן את עולם הנקודים, שבעולם הנקודים היתה שבירת הכלים, ולבנות את עולם הברודים, שהוא עולם האצילות, **ומהם** אורות[125] היוצאים **סביבות גופו** והם דרך הטבור, היסוד, צפורני הרגלים, שערות הגוף, ונקבי העור, בסוד[126] ברכת אשר יצר, לא גורסים **שהוא** אלא צריך לגרוס **שהם בזוינת** הספירות ד**ש̇ב̇ע̇ה̇ תחתונים** והם חג"ת נה"ים **שלו, ובסביבותיהם אורות רבים מאירים ונתלים בהם** כלומר מטבור דא"ק, שהוא תנ"י דא"ק ולמטה, **הנ̇ק̇רא עולם הנ̇ק̇ודים** ובתורה[127] עולם זה נקרא עולם התוהו.

מובא[128] בספר היצירה כי לכל נברא יש בחינת מקום, זמן ונברא. בחינת מקום נקרא עולם, בחינת זמן נקרא שנה, ובחינת הנברא נקרא נפש. הראשי תיבות שלהם הם **עש"ן** (עולם, שנה, נפש). מכנים אותו גם **עולם נמצא**, מרחב המקום הוא קבוע ובלתי משתנה. יש בו מעלה ומטה ומה שבאמצע. מרכיבי העולם על פי ספר יצירה הם שלש אמות אמ"ש בעולם, **אויר מים אש**. שמים נבראו מאש וארץ נבראת ממים, ואויר רוח מכריע בינתיים. אש מים ורוח המדוברים אינם כמובן היסודות הגשמיים, וכתב הרמ"ק בפירושו לספר יצירה, שהכוונה על

א"ק, שהם בחינת המוחין, ומקומם הנזכר הוא מבפנים כנגד מקום המצח, ושם נזדווגו המוחין, שהם בחינת ע"ב עם בחינת ס"ג, שהם אח"פ הטעמים דס"ג, שהם למטה מהמוחין, בסוף הראש, ולכן מרוב האור שיש שם בזה המצח על ידי הזווג הנ"ל, יצא אור חדש ממנו ולמטה, שהוא שם מ"ה החדש. והנה כאשר יצא זה האור החדש שם מ"ה דאלפין, בירר מהנקודות דס"ג שבהם היתה השבירה, מה שיוכל לברר מהם, ונשתתפו ונתחברו עמו, ואז נעשה המ"ה בחינת דכורא, וס"ג נעשה בחינת נוקבא, אלא שלהיות שהס"ג זה נעשה נוקבא אל המ"ה, לכן קנה לו עתה שם אחר, והוא שם ב"ן דההי"ן, כזה יו"ד ה"ה ו"ו ה"ה, ואינו נקרא עתה בשם ס"ג, אלא בשם ב"ן.

ע"ח ש"ה פ"א דכ"א ע"ד (הגהת מוהרח"ו) – בפנימיות א"ק יש הוי"ה אחת, אשר א"ק הוא לבוש אליה, ומד' אותיות יוצאים ארבע הוי"ת, ונגלים לחוץ של א"ק, והם הוי"ה דע"ב, ס"ג, ב"ן, מ"ה, והם במצח אח"פ.
124

תרשים א – ד.
125

ע"ח ש"ח פ"ג מ"ת דל"ז ע"א – והנה שני מיני אורות יוצאין מתוך הגוף דא"ק והם אחד מן **הטבור**, והשני מפי **היסוד**. ויוצאין דרך שם שני הבלים. וכפי הראוי היה שיהיה שלוש הבלים כנגד שלוש ראשונות, שקבל מאח"פ כנזכר לעיל, אבל לפי שחסר אור אזן מן או"א כנזכר לעיל, לכן גם כן חסר בחינת ההבל מה שכנגד האזן, ולא יצאו רק שני הבלים, שהם נגד חוטם ופה לבד, אשר מהן קבלו או"א למעלה, וגם כאן למטה מקבלין מהן. אבל אור השבעה תחתונות שלא לקחו רק מן הגוף ולמטה, שהוא מסיום שבולת זקן ולמטה כנזכר לעיל, לכן גם כן לא יש להם הבלים להאיר להם. אבל נרמזו בסוד ויפוזו זרועי ידיו, שהוא סוד עשרה טפין דאזדריקו **מבין הצפרנים**, כנזכר בתיקון ס"ט, כנודע כי הם עצמם בחינת המלכים.
126

ברוך אתה הוי"ה, אלהינ"ו מלך העולם, אשר יצר את האדם (**שהוא א"ק**) בחכמה, וברא בו נקבים נקבים (**שהם נקבי העור**), חלולים חלולים (**והם פתח מפולש**). גלוי וידוע לפני כסא כבודך, שאם יסתם אחד מהם, או אם יפתח אחד מהם (**ר"ל הם יסתם מקור השפע, או אם יהיה יותר שפע ממה שהמקבלים יכולים לקבל**). אי אפשר להתקיים אפלו שעה אחת . ברוך אתה הוי"ה, רופא כל בשר ומפליא לעשות.
127

בראשית א' ב' – והארץ היתה **תהו ובהו** וחשך על פני תהום ורוח אלהי"ם מרחפת על פני המים.
128

ספר היצירה פ"ו משנה ג' – שלש אמות אמ"ש חקקן חצבן צרפן יצר בהן שלש אמות בשנה, ושלש בעולם, ושלש בנפש, זכר ונקבה.

44

השורשים הרוחניים שלהם. יסוד **האש** הוא היסוד הדק מכולם, לפיכך הוא צף ועולה כלפי מעלה. יסוד **המים** יוצר את
הארץ, הדבר נזכר גם בפסוק[129] כי לשלג יאמר הוי ארץ, כלומר המים הופכים לשלג, והשלג נעשה מוצק ויוצר את
הארץ. המים שהופכים לארץ, יוצרים את תחום המחיה של הנבראים, בעלי הנוכחות המוחשית. בשמים ובאויר לעומת
זאת מתקיימים נבראים בלתי נראים, דוגמת שדי"ם ורוחות. האויר הוא ממוצע בין האש והמים, הוא גם מאפשר חיבור
ביניהם. טבע האש חם ויבש, המים קרים ולחים, האויר משותף חם מצד האש, ולח מחמת המים. **שנה** - מרחב הזמן,
מכונה גם **עולם משתנה**. ממד הזמן אף הוא נחשב לעולם המורכב מאיברים עיקריים ומשניים. יש בו קצה עליון ותחתון
אלא שהוא, שלא כמו מרחב המקום, משתנה. מהות הזמן שינויים תמידיים. מרכיבי הזמן בספר[130] יצירה הם - חום, קור
ורוויה. גם כאן יש קצוות והכרעה. בשנה ארבעה תקופות, שתים קיצוניות החורף הקר והקיץ חם. בכל אחת מהן שלושה
חודשים. בין הקיץ והחורף יש את התקופות הממוצעות, האביב והסתיו. הם ממוזגות. למילה **רוויה**, יש גם משמעות של
מיזוג, כמו בפסוק[131] - באנו באש ובמים ותוציאנו לרוויה. **נפש** האדם נחשב **עולם קטן**, הוא למעשה העולם השלישי
מבין עולמות העש"ן, מתקיימים בממד המרחב והזמן. כל אחד מהעולמות משפיע ומושפע מחבריו. גם באדם שלושה
חלקים, כנזכר[132] בספר יצירה והם ראש, בטן וגוויה. **ראש** נברא
מאש, החלק הרוחני ביותר באדם הוא המוח, שם המחשבה ומשכן הנשמה. לפיכך הוא מיוחס לאש שטבעה לעלות כלפי
מעלה. אגב, פעולת המחשבה מולידה חום בגוף. זו הסיבה שבשעת שינה אדם צריך לכסות את עצמו שלא יתקרר, לפי
שהמחשבה שקטה אז וממילא הגוף מתקרר. מחשבה בגדולת הבורא יוצרת חום בלב ומעוררת אותו להשתוקקות. **בטן**
נבראת ממים, באצטומכא מכונסים כל המשקים והלחות, ואילולא שהטחול והכבד היה הגוף מתקרר. **הגוייה** היא חלק
הגוף בו מצויים אברי הנשימה, הריאה והקנה. אברים אלו ממוצעים. **לפיכך** המוח הוא מקום הרוחניות, ובבטן מכונסים
האצטומכא, המעיים וכל האברים המכילים את הארציות. הנשימה היא מערכת המקיימת את הגוף אך רוחנית במהותה.
כך גם לא"ק היה בחינת מקום, שהוא החלל, **עולם**. בחינת זמן אצילותו **שנה**, ואצילות עצמות א"ק שהוא בחינת נשמה
נפש.

ואזור כך בזמן תיקון עולם הנקודים **נשתלשלו** ר"ל נאצלו מאצלו ממנו מא"ק **ארבעה עולמות
אבי"ע**, שהם אצילות, בריאה, יצירה ועשיה **הידועים ומפורסמים, כנזכר**[133] בספר **הזוהר
ובתיקונים** שהם תיקוני הזוהר. **ואמנם אצילות א"ק** שהוא ראשון הנאצלים, גם מבחינת מקום וגם
מבחינת זמן **הזה, ומכל שכן שאר עולמות** לאין קץ עולמות **שהתחזתיו כנזכר לעיל,
היה להם ראש וסוף** שקדם להם העדר, ונבראו יש מאין, והיתה מציאות שלא היה א"ק ואבי"ע, **והיה
להם זמן התהוות הויותן ואצילותן** ר"ל היה זמן שהא"ס האציל את א"ק ואבי"ע, אבל לפני
אצילותם קדם להם העדר. **מה שאין כן בא"ס הנזכר לעיל**, שלא קדם לא"ס העדר, כי הוא היה,
הוה, ויהיה. כי בא"ס לא שייך מושג של זמן, והוא קיים לעד, לכן לפני בריאת העולמות לא היה מושג של זמן עדיין,

---

129

איוב ל"ח ו' – כי לשלג יאמר הוא ארץ וגשם מטר וגשם מטרות עזו.

130

ספר יצירה, פרק ג' משנה ד' – שלש אמות אמ"ש בשנה, קו"ר וחו"ם ורוי"ה. חום נברא מאש, קור ממים,
רויה מרוח מכריע בנתים.

131

תהלים ס"ו י"ב – הרכבת אנוש לראשנו באנו באש ובמים ותוציאנו לרוויה.

132

ספר יצירה, פרק ג' משנה ה' – שלש אמות אמ"ש בנפש, רא"ש בט"ן וגוי"ה. ראש נברא מאש, בטן ממים,
וגויה מרוח מכריע בנתים.

133

אח"י (כלל) – כאשר הרב ז"ל מזכיר התיקונים, הכוונה לתיקוני הזוהר. וכאשר הרב ז"ל מזכיר זוהר כתב יד
או תיקונים כתב יד, הכוונה לזוהר החדש או תיקוני הזוהר החדש, שלא הודפס בזמן הרב ז"ל.

לכן אין לשאול על מה היה לפני הזמן, וכמה זמן עבר לפני שהתחיל הא"ס לברוא את העולמות. **זאת התשובה לחקירה השנייה** שחקר הרב ז"ל בתחילת ענף זה.◆

כל[134] בריאת עולם תחתון תלוי בסיום גמר אצילות העולם שמעליו, לדוגמה עולם העשיה תלוי בסיום אצילות עולם היצירה, ועולם היצירה תלוי בסיום אצילות עולם הבריאה, והבריאה תלויה בסיום אצילות עולם האצילות, ואצילות בסיום אצילות א"ק בסיום אצילות בעולמות היותר עליונים, כך ברבבות מדרגות עד גבוה מעל גבוה שומר, עד הא"ס העליון ב"ה. יוצא מזה כי כל עולמות נבראו בשלבים זה אחר זה, כאשר כל שלב, וכל עולם יש לו את הזמן שלו.

וְהִנֵּה מִן הָעֵת וּזְמָן שעלה ברצונו הפשוט **אֲשֶׁר הִתְחִיל הִתְפַּשְׁטוּת וְהִשְׁתַּלְשְׁלוּת הָאוֹרוֹת וְהָעוֹלָמוֹת הַנַּ"ל** שהם א"ק ואבי"ע, כאשר[135] לפני א"ק ואבי"ע התפשטו[136] עולמות האין סוף

134

דעת ותבונה לרי"ח ש"ל ד"צ ע"ג – והא לך לשון הרב מהרש"ך ז"ל....אלא ששמיטה ראשונה לא היו בה הויות העולמות כלל, אדרבא חרבן ומיתת המלכים היה בו. בזה האופן, כי בשבת יצא שם מ"ה החדש הדר הוא, וביום הראשון בירר כל חלקי המלך החסד, ובאותו יום היה אלף שנים. וביום השני בירר כל חלקי המלך הגבורה, וגם הוא אלף שנים. וכן היה הולך עד יום השישי היה בירור כל חלקי היסוד. ואחר כך ביום שבת קודש השני היה בירור מלכות דב"ן על ידי מלכות דמ"ה. ואלו הם סוד שני שבתות הנרמזים בפסוק - את שבתותי תשמורו, וגם הוא היה בסוד אלף שנים, **ולא שנים כשנים, ולא ימים כימים, ולא לילות כלילות, ולא היו מדת ימים מדת שנים מדת לילות.** וזו נקראה שמיטה ראשונה, משבת שיצא המלך הדר, שהוא השבת הראשון עד יום השישי שבו, היה בירור היסוד, שמיום שהתחיל התיקון אנחנו מתחילין לספור בחינת שמיטה. **נמצא** ששה ימים מיום ראשון עד יום השישי, כל יום בחינת אלף שנים, אחר כך שבת קודש, שבת השני שבו היה בירור המלכות, היא שנת השמיטה עצמה, בסוד האלף שנים שלה. **ואחר כך** היה תיקון עולמות בריאה ויצירה. ולא נודע אצלנו אופן תיקונם כמספר ימים ושנים, ובוודאי שהיה על זה הסדר מיום ראשון, התחיל תיקונם בירור החסד בכל קצה וקצה שבו א"ק דבריאה. וביום שני בגבורה, וביום השלישי בתפארת עד יום השישי ביסוד. וביום שבת קודש היא שנת השמיטה שלה, היא בירור המלכות שבה. והרי נשלם בירור ותיקון עולם הבריאה, הינו שמיטה ראשונה שלה. ואחר כך היה תיקון עולם היצירה, והתחיל תיקונם בירור החסד שבכל קצה וקצה ביום הראשון, וביום השני בגבורה, וביום השלישי בתפארת, עד יום השישי ביסוד, וביום שבת קודש הוא שנת השמיטה שלה, היא בירור המלכות שלה, והרי נשלם תיקון ובירור עולם היצירה, והיינו שמיטה ראשונה שלה. **ואחר כך** היה תיקון עולם העשיה, והתחיל תיקונם בירור החסד שבכל קצה וקצה ביום הראשון, ובו נאמר יהי אור וכל העניין. וביום השני בירור הגבורה, ובו נאמר יהי רקיע. וביום השלישי בירור התפארת, ובו נאמר ותראה היבשה. וביום הרביעי בירור הנצח, ובו נאמר יהי מאורות. וביום החמישי בירור ההוד, ובו נאמר ישרצו המים. וביום השישי בירור היסוד, ובו נאמר נעשה אדם. וביום שבת קודש היא שנת השמיטה שלה, היא בירור המלכות שלה. הרי נשלם בירור ותיקון עולם העשיה, והיינו שמיטה ראשונה שלה. **ואף** כאן בעשיה, לא היו לילות כללות, ולא ימים כימים, ולא שנים כשנים, והעד הנאמן וראיה אלימתא שהרי על פסוק - ויעש אלהי"ם את שני המאורות הגדולים. תרגם יהונתן - ועבד הוי"ה ית תרין נהורייא רברבייא, והוו שווין באיתרהון, עשרין וחד שנין מנהון שית ותרין ושבעין חלקי שעתא, יע"ש. **אלא שלא בינת אדם לנו למען דעת כמה אורך זמן היה יום אחד.** ועל כל פנים זמן ארוך הוה, **ושעה אחת של אותו זמן היתה ארוכה מוחזקת כמה שנים,** ואף על גב דלפי סדר זה היו שמיטות ארבע עד שנתקן עולם העשיה, וכל זה אינו נחשב אלא שמיטה לכל עולם ועולם לו לבדו, והטעם כי אחר שנתקן עולם האצילות בתשלומותו בשמיטתו שלו, נשאר בצביונו, ובקומתו, במושבו, ומעמדו. ועד שנתקנו שלוש עולמות בי"ע, לא היה לו שום מעלה ולא ירידה, ולא היה עולה בו בירור, ולא היה מתתקן יותר. וכן הבריאה אחר שנתקן בשמיטה שלו בעוד שמתתקנים יצירה ועשיה, נשאר בצביונו, ובמקומו, במושבו, ובמעמדו, לא היה לו שום מעלה ולא ירידה, ולא היה עולה בו שום בירור ולא היה מתתקן יותר, וכן היצירה בעוד שהיה מתתקן עולם העשיה.

135

הנקראים[137] טהירו עילאה, טהירו, עולם המלבוש, אויר עליון, אדם קדמאה ועוד, **מאז התחזיל הויות הנבראים כולם זה אחר זה** כלומר מאותו רגע שא"ס האציל את א"ק התחיל בחינת זמן שלא בזמן,

---

זוהר חדש ד"ט ע"א עם ביאור ותרגום – ותניא, אמר רבי אבא, אמר רבי יוחנן, קודם שברא הקדוש ברוך הוא את העולם, היה הוא ושמו אחד, והיה בדעתו לברוא את העולם, **וברא קודם אלף עולמות**, שנאמר האלף לך שלמה. **ואחר כך ברא עולמות אחרים**, להודיע שהכל נגדו כאין. והיינו דאמר רבי חייא, למה אל"ף ראשונה באותיות. מפני שבתחלה ברא אלף עולמות, שקדמו לשאר עולמות.
136

זוהר בראשית דט"ו ע"א עם ביאור ותרגום – **בריש הורמנותא דמלכא** בתחלה שעלה ברצונו הפשוט יתברך שמו, להמציא מלכותו וממשלתו, שיתנהגו העולמות, **גליף גליפו** חקק חקיקה **בטהירו עלאה** באור העליון של הא"ס ב"ה, והוא סוד הצמצום, ועל ידי זה נתהוה שורש הגבורות, ונשתלשלו ממדרגה למדרגה, עד הגבורה דעתיק הנקראת **בוצינא דקרדינותא** שפרושו נר חזק, **ונפיק גו סתים דסתימו מרזא דאי"ן סו"ף** ואחר כך יצאה הגבורה דעתיק הנקרא א"ס בערך למה שלמטה ממנו, והשתלשלו כל העולמות דא"ס וא"ק ואבי"ע.
137

חסדי דוד ע"ו דנ"ב ע"א – ז"א יש בו נפש רוח שלמים, כל בחינה כלולה מכ"ה בחינות, דכן צריך להיות בכל בחינה כדי שתהיה שלימה, בכל בחינה צריך שיהיה בה ה' בחינות נרנח"י, וכל אחד מהחמש כלולה מנרנח"י, הרי ה' פעמים ה' הם כ"ה בחינות. וחסר לז"א כל הכ"ה בחינות דנשמה, וכ"ה דחיה, וכ"ה דיחידה. וכשמקבל המוחין מישסו"ת הנקרא נשמה דכללות האצילות, ונכנסים בכלי הבינה דז"א, אז יש לו הכ"ה בחינות דנשמה שלימה, וכשמקבל המוחין מאו"א עילאין, הנקרא חיה דכללות האצילות, ונכנסים בכלי החכמה דז"א, אז יש לו כ"ה בחינות דחיה שלימותא. וכשמקבל המוחין מא"א הנקרא יחידה דכללות האצילות, ונכנסים בכלי הכתר דז"א, אז יש לו כ"ה בחינות דיחידה שלים. אמנם כל זה הוא בערך הכללות, **כי ישסו"ת גם כן נקרא זו"ן בערך או"א עילאין**, ואין בהם רק נפש ורוח, וצריכים עיבור, יניקה, ומוחין כדי להשלים להם נשמה, חיה, יחידה, וכשמקבלים מוחין מאו"א עילאין, הנקרא בערכם נשמה, אז יש להם נשמה שלימה לישסו"ת. וכשמקבלים המוחין מא"א הנקרא בערכם חיה, אז יש להם לישסו"ת חיה שלימה. וכשמקבלים המוחין מאח"פ דא"ק, הנקרא בערכם יחידה, אז יש להם לישסו"ת יחידה שלמה, כי מה שכתב דישסו"ת הם נקראים נשמה, והם ממשיך מוחין דגדלת לזו"ן, הוא בערך זו"ן, אמנם בערך מה שלמעלה מהם נקרא זו"ן, וחסרים נשמה, חיה, יחידה, וצריכים לקבלם מג' מקומות שלמעלה מהם, דהיינו מאו"א עילאין, ומא"א, ומאח"פ דא"ק, כי אלו נקראים נשמה, חיה, יחידה בערך ישסו"ת. וכן או"א עילאין נקרא חיה בערך זו"ן, ונשמה בערך ישסו"ת, וזו"ן בערך מה שלמעלה מהם, וחסרים נשמה חיה, יחידה, וצריכים עיבור, יניקה, מוחין כדי להשלימם, ומקבלים אותם מג' מקומות שלמעלה מהם, הנקרא בערכם נשמה, חיה, יחידה, דהיינו מא"א נשמה, ומאח"פ חיה, ומשערות הראש ע"ב דא"ק יחידה. וכן א"א נקרא יחידה בערך זו"ן, ונשמה בערך ישסו"ת, וחיה בערך או"א עילאין, ונשמה בערך א"א עילאין, אמנם בערך הא"א נקרא זו"ן, ואין בו רק נפש ורוח, וחסר נשמה, חיה, יחידה, וצריך עיבור, יניקה, מוחין כדי להשלימו, ומקבלם מג' מקומות שלמעלה ממנו, הנקרא בערכו נשמה, חיה, יחידה, דהיינו מאח"פ דא"ק נשמה, ומשערות דהיינו ע"ב דא"ק, דהוא חכמה דא"ק חיה, ומקוץ היו"ד א"א דא"ק יחידה, כי אח"פ הם מס"ג, ושערות הראש מע"ב ממוחין דא"ק, והם ישסו"ת ואו"א עילאין דא"ק. נמצא כי א"א כשמקבל מישסו"ת דא"ק, אז יש לו נשמה, וכשמקבל מאו"א עילאין דא"ק, אז יש לו חיה, וכשמקבל מא"א דא"ק אז יש לו יחידה. כי כמו שזו"ן דאצילות שהם נפש רוח דכללות האצילות, כן א"א דאצילות שהם זו"ן דכללות א"ק, ואין בו רק נפש רוח בערך כללות א"ק, נשלמו בו הנשמה, חיה, יחידה מישסו"ת, ואו"א, וא"א דא"ק, שהם נשמה, חיה, יחידה דכללות א"ק. וכן א"ק עצמו נקרא יחידה בערך האצילות, **אמנם בערך שלמעלה הימנו נקרא גם הוא זו"ן**, ואין בו רק נפש רוח, וחסר לו נשמה, חיה, יחידה, כי הרי כל כללות א"ק עומד במקום חצי מלבוש התחתון כנודע, כי כללות המלבוש הוא סוד עסמ"ב, וכשנחלק המלבוש ונקפל חצי התחתון שהוא סוד מ"ה וב', והלביש לחצי העליון שהוא ע"ב ס"ג, המקום הפנוי הנ"י שהוא במקום שהיה חצי מלבוש התחתון נקרא אויר קדמון, והכדור הנעשה בתוכו שבתוכו עומדים י' ספירות דא"ק נקרא טהירו, ועל גבי הטהירו בין אויר קדמון למלבוש עומדים י' ספירות דא"ק עילאה

ונאצלו עולם אחד אחרי השני, לפי סדר וזמן שקבע המאציל, **עַד שֶׁבָּא הַדָּבָר אֶל הַמְצִיאוּת אֲשֶׁר הוּא עַתָּה** שהוא העולם שלנו[138], שהוא עולם העשיה התחתון, העולם החומרי שבו אנו חיים, **וּכְפִי סֵדֶר הַהִתְפַּשְׁטוּת וְהַהִשְׁתַּלְשְׁלוּת** האורות והעולמות, **כְּסֵדֶר** זה היו **הַזְּמַנִּים זֶה אַחַר זֶה, כָּךְ נַעֲשָׂה** ונברא כל עולם ועולם בדיוק בזמן המתאים לו, בסדר ההשתלשלות, זה אחר זה, וזה לא לפני זה, וזה לא אחרי זה, **וְלֹא הָיָה אֶפְשָׁר לְהַקְדִּים אוֹ לְאַחֵר בְּרִיאַת הָעוֹלָם הַזֶּה, כִּי כָּל עוֹלָם וְעוֹלָם נִבְרָא אַחַר בְּרִיאַת עוֹלָם שֶׁלְמַעְלָה מִמֶּנּוּ** בבחינת זמן ומקום, **וְכָל הָעוֹלָמוֹת הָיוּ נִבְרָאִים** מהא"ס, יש מאין **וּמִתְפַּשְׁטִים** למקומם המתאים לפי מעלתם וזכותם, **וּמִשְׁתַּלְשְׁלִים** זה מזה, וזה אחרי זה **וְהוֹלְכִים זֶה אַחַר זֶה תָּזוּז זֶה, בִּזְמַנִּים שׁוֹנִים וּמְאוֹזָרִים זֶה אַזְרֵי זֶה.**

הרב ז"ל הסביר למה נברא העולם הזה בזמן שנברא, כלומר אחרי שנבראו העולמות שמעליו, אבל עדין אין תשובה למה העולם העליון ביותר נברא בזמן שנברא, ולא לפני זה או אחרי זה, כלומר השאלה היא מדוע היתה בריאת הנאצל הראשון בזמן שהיתה, על שאלה זאת אין תשובה, והיא מכלל שאלת - מה למעלה, ומה למטה, מה לפנים, ומה לאחור. **וְעוֹד** כל תרוצו של הרב ז"ל היה על זמן בריאת העולם הזה, והרב ז"ל לא נכנס לשאלת זמן בריאת העולם הראשון שהוא א"ק, או על זמן בריאת העולמות שמעל א"ק, כי חקירה זאת היא רחוקה משׂכל האדם. מפני שחקירה זאת מסוכנת, ולכן הרב ז"ל לא ממשיך בחקירה זאת, אין לנו הרשות לחקור חקירות אלו, וכל שלא חס על כבוד קונו ראוי לו שלא בא לעולם, כאן מסים הרב ז"ל את חקירות האמונה בדרך כלל. **עִם כָּל זֹאת** מרן הרש"ש ממשיל[139] את השתלשלות הזמנים לסדר ימי בריאת העולם, ולסדר השבוע שהיה לפני בריאת העולם[140].

סתימאה. הרי כי א"ק עומד במקום מ"ה וב"ן, שהוא סוד חצי המלבוש התחתון, **וְלָכֵן נִקְרָא זו"ן בְּעֵרֶךְ מַה שֶׁלְמַעְלָה מִמֶּנּוּ**, וצריך עיבור, יניקה, מוחין להשלימו, ומקבלם מג' מקומות שלמעלה ממנו, דהיינו מא"ק סתימאה עילאה נשמה, ומאויר קדמון חיה, ומהמלבוש יחידה. **וְהַמֵּבִין יָבִין כִּי אִי אֶפְשָׁר לְדַבֵּר יוֹתֵר.** וכן נוקבא דז"א דאצילות נקרא זו"ן בערך ז"א, והסרה נשמה, חיה, יחידה, וצריכא עיבור יניקה, מוחין להשלימה, ומקבלת אותם מג' מקומות שלמעלה הנקראים בערכה נשמה, חיה, יחידה, מז"א נשמה, מישסו"ת חיה, מאו"א עילאין יחידה. וכן בריאה אין בה רק נפש ורוח בערך נוקבא דז"א דאצילות, ומקבלת נשמה, חיה, יחידה מג' מקומות שלמעלה ממנה, הקרא בערכה נשמה, חיה, יחידה, דהיינו מנוקבא דז"א דאצילות נשמה, ומז"א חיה, ומישסו"ת יחידה. וכן יצירה נקרא זו"ן בערך בריאה, ומקבלת נשמה, חיה, יחידה מג' מקומות שלמעלה ממנה, הנקרא בערכו נשמה, חיה, יחידה, דהיינו מהבריאה נשמה, ומנוקבא דז"א דאצילות חיה, ומז"א דאצילות יחידה. וכן עשיה נקרא זו"ן בערך יצירה, ומקבלת נשמה, חיה, יחידה מג' מקומות, הנקרא בערכה נשמה, חיה, יחידה, דהיינו מיצירה נשמה, ומבריאה חיה, ומנוקבא דז"א דאצילות יחידה. **בְּאוֹפֶן שֶׁאֵין פַּרְצוּף בְּעוֹלָם שָׁלֵם בְּכָל בְּחִינוּתוֹ עַד שֶׁיַעֲלֶה ג' מַדְרֵיגוֹת לְמַעְלָה מִמַּדְרֵיגָתוֹ.** ולכן במנחת שבת שאז נשלמים כל העולמות, עולה א"א דאצילות, לא"א דא"ק. ואו"א עילאין, לאו"א דא"ק. וישסו"ת, לישסו"ת דא"ק. וז"א, לא"א דאצילות. ונוקבא דז"א, לאו"א עילאין דאצילות. ובריאה, לישסו"ת דאצילות, הנקרא בריאה דאצילות. ויצירה, לז"א דאצילות, הנקרא יצירה דאצילות. ועשיה, לנוקבא דז"א דאצילות, הנקרא עשיה דאצילות. ואז נשלמו כולם בבחינת נרנח"י, וזו היא מדרגתן האמיתי.
138

גְּמָרָא חֲגִיגָה דִּי"ב עַ"א – אני הוא שאמרתי לעולם די.
139

נָהָר שָׁלוֹם, סֵדֶר רֹאשׁ הַשָּׁנָה דְּלִ"ז עַ"ג – יום י"ז באלול נאצלו ג"ר דב"ן, **וְהוּא הָיָה שַׁבָּת**, ואחריו מיום ראשון עד **יום הַשַּׁבָּת הַשֵּׁנִי**, והם י"ח, י"ט, כ', כ"א, כ"ב, כ"ג, כ"ד, נאצלו השבעה מלכים דב"ן שנשברו, וביום השבת השנית הנזכרת לעיל שהוא יום כ"ד שבו, ביום נשבר המלך השביעי, ובו ביום נאצלו ג"ר דמ"ה החדש, ולמחרתו שהוא יום כ"ה התחילו לצאת השבעה מלכים דמ"ה, לתקן השבעה מלכים דב"ן, והם

עַד שֶׁהִגִּיעַ זְמַן בְּרִיאַת הָעוֹלָם הַזֶּה, וְאָז נִבְרָא העולם הזה בִּזְּמַן הָרָאוּי לוֹ, אָזֹר בְּרִיאַת הָעוֹלָמוֹת הָעֶלְיוֹנִים אֲשֶׁר עָלָיו, וְדַי בָּזֶה, כִּי לֹא נוּכַל לְהַרְחִיב וּלְהַעֲמִיק[141] בִּיאוּר זֶה הָעִנְיָן כְּכָל הַצֹּרֶךְ, [142]וְאֵיךְ[143], וְכַמָּה, וּמָתַי, ואפשר להבין את התפשטות העולמות העליונים, מהתפשטות[144] העולמות התחתונים, והמשכיל[145] יבין ראשית דבר מאחריתו.

השבעה ימים הכתובים בתורה במעשה בראשית, ויהי ערב ויהי בוקר יום אחד וגו', **עד ויכולו.** נמצא כי שתא אלפי שני נמנים מכ"ה באלול, והזמנים נמנים מראש השנה, ראש חודש תשרי לחשבון הלבנה, ולחשבון החמה מיום רביעי דששת ימי בראשית, כי הלבנה נתמעטה ולא שמשה עד יום הששי דששת ימי בראשית, וזה לדעת רבי אליעזר שאומר שתחילה נברא החיצוניות בששה חדשי החורף, ואחר כך הפנימיות בששה חדשי הקיץ.
140

תרשים א – ה.
141

בית לחם יהודה ש"א פ"א ד"ג ע"א – כי לא נוכל להרחיב ולעמיק, לפי שעדין איכא לאקשויי אמאי לא האציל את א"ק קודם זמן שהאציל, כדי שעל ידי זה יקדם גם בריאת העולמות, לזה אמר כי לא נוכל וכו'.
142

בית לחם יהודה ש"א פ"א ד"ג ע"א – ואיך וכמה ומתי, ר"ל איך הוכרח להאצילו בזמן שהאצילו, ולא קודם או אחר כך, וכמה זמן היה בין עולם ועולם, ומתי היתה התחלת אצילות א"ק.
143

הגהות וביאורים (ד) – ר"ל כמה זמן היה בין מציאות עולם לעולם, ומתי ר"ל מתי היה האצילות הראשון ותחילתו, כך מצאתי מכתב יד אשכנזי.
144

מבוא שערים ש"ג ח"ב פ"ג דכ"ב ע"ד – והוא ממש דוגמת הזה"א, המלביש את או"א מעט מעט בכניסת המוחין שלו, עד שמלביש כל ז"ת דילהון. וכן הענין בכאן, אלא שלא רצוני להאריך בו, כי הוא מקום גבוה, ומשם תדענו, ותבין ממוצא דבר.
145

ע"ח ש"א ענף ב' מ"ת די"ב ע"ד – והנה על ידי הצמצום הזה הנזכר לעיל, אשר נעשה האדם הנ"ל, היה בו בחינת עצמות וכלים, כי צמצום האור גורם מציאות הוויות הכלים, כמו שנבאר לקמן בע"ה. **ואין לנו רשות לדבר יותר במקום גבוה כזה, והמשכיל יבין ראשית דבר מאחריתו,** כמו שנבאר בע"ה בדרושים אחרים הבאים לפנינו.

עֵץ חַיִּים

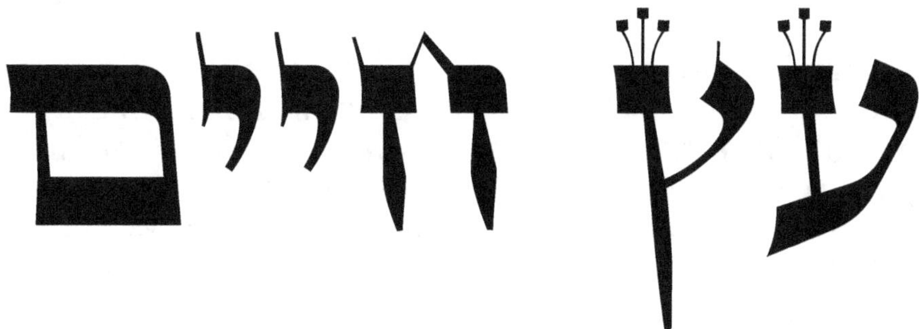

לְרַבֵּינוּ חַיִּים וִיטָאל

שֶׁקִּיבֵּל מִמָּרָן הָאֲרִ"י זלה"ה

שַׁעַר א'

שַׁעַר עֲגוּלִים

עָנָף א'

חֵלֶק הַתַּרְשִׁימִים טַבְלָאוֹת וְצִיּוּרִים

שִׂמְחַת חַיִּים

<u>**הקדמה קצרה**</u>

דע כי כל התרשימים הציורים והטבלאות, הם אך ורק לשכך את האוזן, ולשבר את העין. וכל הציורים הם לא שלמים.

כתב הרי"ח הטוב ברב פעלים ח"ב בסוד ישרים ה' - אך דע לך כי סדר התלבשות המחצבים שכתב מהרח"ו בשערי קדושה עד עולם הזה שאנחנו עומדים בו. וכן סדר התלבשות הפרצופים אשר בכל מחצב ומחצב, וסדר התלבשות העולמות זה בזה, והיושר והעיגולים, לא אית אינש דכיל למנלע רזא דנא, איך היא עשוי, איך הוא עומד, ולא אפשר לשכל אנושי לצייר כל הנזכר על אמתתם, ועל בורריין מפני כי שכל האנושי בהיותו עצור ומונח בגוף גשמיי, אי אפשר לי להשיג דבר רוחני, והוא זה דומה לאדם סומא מן הבטן שלא ראה מאורות מימיו, דודאי אי אפשר לו לצייר מראות השמש והירח הנראין לעיני הבריות, וכל שכן מה שיש למעלה למעלה.

וכן כתב ברב פעלים ח"א בסוד ישרים א' - סוף דבר הכל נשמע, ה' אחד ושמו אחד, ואין לו גוף ולא דמות הגוף, ואין לו שום ציור, ותמונה ודמיון כלל ועיקר, וגם כל העולמות וספירות הקדושים למעלה אין להם ציור ודמיון של גופים האלה כלל, ואין מי שיוכל לידע איך הוא עמידתם וסדרם, ואיך עומדים עולמות היושר ועולמות העיגולים, ואיך מתחברים זה עם זה, ואיך נמשך השפע מזה לזה, ואיך הוא תוארם ומראיהם, ואיך הוא מהות השפע המחיה אותם, ומקיים אותם, וכמה הוא שיעור אורכם וגובהן ורחבם, ואיך הם נכללים זה בזה, ומלבישים זה לזה, כי בכל זאת אין שום שכל אנושי יוכל לדעת, ולהבין, ולהשיג, כלל ועיקר.

הרב ז"ל כתב בשער אח"פ תחילת פ"א וז"ל - כבר ידעת כי אין בנו כח לעסוק קודם אצילות עשר ספירות, ולא לדמות שום דמיון וצורה כלל ח"ו, אך לשכך האזן, אנו צריכים לדבר דרך משל ודמיון, לכן אף אם נדבר במציאות ציור שם למעלה, אין הדבר רק לשכך האזן. אמנם דע כי עשר ספירות דאצילות הם שתי עניינים. האחד הוא התפשטות הרוחניות, והשני הוא כלים ואברים אשר העצמות מתפשט בהם. והנה צריך שיהיה לכל זה שורש למעלה לשתי בחינות אלו, ולכן צריכין אנו לדבר בסדר המדרגות מראש עד סוף, והנה נתחיל ונאמר כי הלא הא"ס ב"ה אין בו שום ציור כלל ח"ו כמבואר.

הרב ז"ל כתב בשער טנת"א פ"א - והנה אף על פי שאנו מכנים וקוראים כאן כנויים אלו כגון אדם ראש אזנים וכיוצא אינו רק לשכך האזן לשיובנו הדברים לכן אנו מכנים כנויים אלו במקום גבוה, עד כאן לשונו.

וכן הרמ"ק בפרדס רימונים ש"ו פ"א - וצייירו להם המקובלים צורות יריעות גדולות וקראום אילן.

הרב ז"ל כתב בסוף ש"ה פ"ד וז"ל - ואמנם דבר גלוי הוא כי אין למעלה גוף ולא כח גוף חלילה. וכל הדמיונות והציורים אלו לא מפני שהם כך חס ושלום. אמנם לשכך את האוזן לכשיוכל האדם להבין הדברים העליונים הרוחניים בלתי נתפסים ונרשמים בשכל האנושי, לכן ניתן רשות לדבר בבחינת ציורים ודמיונים, כאשר הוא פשוט בכל ספרי הזוהר. וגם בפסוקי התורה עצמה כולם כאחד עונים ואומרים בדבר הזה כמו שאמר הכתוב עיני ה' אל צדיקים. עיני ה'. וירח ה'. וישמע ה'. וידבר ה'. ואלה רבות וגדולה מכולם מה שאמר הכתוב ויברא אלהים את האדם בצלמו בצלם אלהים ברא אותו זכר ונקבה וגו'. ואם התורה עצמה דברה כך גם אנחנו נוכל לדבר כלשון הזה, עם היות שפשוט הוא שאין שם למעלה אלא אורות דקים, בתכלית הרוחניות, בלתי נתפשים שם כלל, וכמו שאמר הכתוב כי לא ראיתם כל תמונה, וכאלה רבות. ואמנם יש עוד דרך אחרת כדי להמשיך ולצייר בה הדברים העליונים, והם בחינת כתיבת צורת אותיות, כי כל אות ואות מורה על אור פרטי עליון, וגם תמונת זו דבר פשוט הוא כי אין למעלה לא אות, ולא נקודה, וגם זה דרך משל וציור לשכך את האזן כנזכר. ולכן נבאר עתה הקדמה הנזכר על דרך ציור האותיות גם כן ובבחינת ציורים אלו, הן ציור האדם, והן ציור אותיות, שתיהן מוכרחים להבין ענין האורות העליונים, כאשר תראה ספרי הזוהר בנויים על שתי בחינות הציורים האלה, עד כאן לא.

ולכן גם אנחנו הרשינו לעצמינו לצייר ציורים, תרשימים וטבלאות, אך ורק כדי לשכך את האוזן, ולשבר את העין, כדי להבין את הסוגייה.

אח"י

תרשימים שֻׁעָר א' עָנָף א'

סדר שמות שמות ההיכלות והשערים בעץ חיים

פרקים (עמודות האותיות א–טו):

שם היכל	שער	שם השער	א	ב	ג	ד	ה	ו	ז	ח	ט	י	יא	יב	יג	יד	טו
אדם קדמון	א	עיגולים ויושר	א	ב	ג	ד	ה										
	ב	השתלשלות י"ס דרך עגו'	א	ב	ג												
	ג	סדר אצילות למהרח"ו	א	ב	ג												
	ד	אח"פ	א	ב	ג	ד	ה										
	ה	טנת"א	א	ב	ג	ד	ה	ו	ז								
	ו	עקודים	א	ב	ג	ד	ה	ו	ז	ח							
	ז	מטי ולא מטי	א	ב	ג	ד	ה										
נקודים	ח	דרושי נקודות	א	ב	ג	ד	ה	ו									
	ט	שבירת הכלים	א	ב	ג	ד	ה	ו	ז	ח							
	י	תיקון	א	ב	ג	ד	ה										
	יא	מלכים	א	ב	ג	ד	ה	ו	ז	ח	ט	י					
הכתרים	יב	עתיק	א	ב	ג	ד	ה										
	יג	א"א	א	ב	ג	ד	ה	ו	ז	ח	ט	י	יא	יב	יג	יד	
או"א	יד	או"א	א	ב	ג	ד	ה	ו	ז	ח	ט	י					
	טו	זווגים	א	ב	ג			ו									
	טז	הולדת או"א וזו"ן	א	ב	ג	ד	ה	ו	ז								
ז"א	יז	ז"א	א	ב	ג	ד											
	יח	רפ"ח נצוצין	א	ב	ג	ד	ה	ו									
	יט	אנ"ך	א	ב	ג	ד	ה	ו	ז	ח	ט	י					
	כ	המוחין	א	ב	ג	ד	ה	ו	ז	ח	ט	י	יא	יב			
	כא	לידת המוחין	א	ב	ג												
	כב	מוחין דקטנות	א	ב	ג												
	כג	מוחין דצלם	א	ב	ג	ד	ה	ו	ז	ח							
	כד	פרקי הצלם	א	ב	ג	ד	ה	ו	ז								
	כה	דרושי הצלם	א	ב	ג	ד	ה	ו	ז	ח							
	כו	צלם	א	ב	ג	ד											
	כז	פרטי עי"מ	א	ב	ג	ד											
	כח	עיבורים	א	ב	ג	ד	ה										
	כט	נסירה	א	ב	ג	ד	ה	ו	ז	ח	ט						
	ל	פרצופים	א	ב	ג	ד	ה	ו	ז								
	לא	פרצופי זו"ן	א	ב	ג	ד	ה										
	לב	הארת המוחין	א	ב	ג	ד	ה	ו	ז	ח	ט						
	לג	אונאה	א	ב	ג	ד	ה										
נוק' דז"א	לד	תיקון הנוקבא	א	ב	ג	ד	ה	ו	ז								
	לה	הירח	א	ב	ג	ד	ה										
	לו	מעוט הירח	א	ב	ג	ד											
	לז	יעקב ולאה	א	ב	ג	ד	ה										
	לח	לאה ורחל	א	ב	ג	ד	ה	ו	ז	ח	ט						
	לט	מ"ן ומ"ד	א	ב	ג	ד	ה	ו	ז	ח	ט	י	יא	יב	יג	יד	טו
	מ	פנימיות וחצוניות	א	ב	ג	ד	ה	ו	ז	ח	ט	י	יא	יב	יג	יד	טו
	מא	חשמל	א	ב	ג												
אבי"ע	מב-א	דרושי אבי"ע	א	ב	ג	ד	ה	ו	ז	ח	ט	י	יא	יב			
	מב-ב	כללות אבי"ע	א	ב	ג	ד											
	מג	ציור עולמות אבי"ע	א	ב	ג	ד											
	מד	שמות	א	ב	ג	ד	ה	ו	ז								
	מה	מקיפין	א	ב	ג	ד											
	מו	כסא הכבוד	א	ב	ג	ד	ה	ו									
	מז	סדר אבי"ע	א	ב	ג	ד	ה	ו									
	מח	קליפות	א	ב	ג	ד											
	מט	קליפת נוגה	א	ב	ג	ד	ה	ו	ז	ח	ט						
	נ	קיצור אבי"ע	א	ב	ג	ד	ה	ו	ז	ח	ט	י					

עָנָף א'

טבלת ערכים

עשיה	יצירה	בריאה	אצילות	אדם קדמון	עולמות
נוקבא	ז"א	אמא	אבא	ע"י רא"א	פרצופים
מלכות	חג"ת נה"י	בינה	חכמה	כתר	ספירות
ה	ו	ה	י	קוץ של י'	הוי"ה
נפש	רוח	נשמה	חיה	יחידה	אורות
ב"ן - יוד הה וו הה	מ"ה - יוד הא ואו הא	ס"ג - יוד הי ואו הי	ע"ב - יוד הי ויו הי	שורש הוי"ה	מילוי
אותיות	תגין	נקודות	טעמים	שורשים	טנת"א
אין ניקוד	סגול, שוה, חולם חיריק, קבוץ, שורוק	צרי	פתח	קמץ	נקודות
עטרת היסוד	גוף וברית	מוח שמאל	מוח ימין	גולגולתא	אדם
כבד	לב	מוח	ל - מקיף, חיה	מ - מקיף, יחידה	מל"ץ
היכל	לבוש	גוף	נשמה	שורש	שנג"ל"ה
יעו"ר	זו"ן	ישסו"ת	או"א עלאין	עו"נ ואו"נ	י"ב פרצופים
כלים	לבושים	צלמים	מוחין	אורות	כל צמא
עור	בשר	גידין	עצמות	מוח	אברים
דיבור	ריח	שמיעה	ראיה	מוח	חושים
חושך	מלאכים	נשמות	ספירות	א"ס	מחצבים
צ' כבד	צ' לב	צ' מוח	ל' מקיף א'	מ' מקיף ב'	צלם
דומם	צומח	חי	מדבר	אלוקות	דצח"מ
עפר	רוח	אש	מים	יולי	יסודות
וילון	מכון, מעון, זבול שחקים, רקיע	ערבות	ערבות	ערבות	רקיעים
לבנה	כוכבים	מזלות	גלגל היומי	גלגל השכל	גלגלים
לבנת הספיר	אהבה, זכות, רצון, עצם השמים, לבנת הספיר	קודש קודשים	קודש קודשים	קודש קודשים	היכלות
כו - וד ה ו ה	יט - וד א או א	לז - וד י או י	מו - וד י וי י		מלוי הוי"ה
קנ"א - אלף הה יוד הה	קמ"ג - אלף הא יוד הא	קס"א - אלף הי יוד הי	קס"א - אלף הי יוד הי		אדהי"ה

ספירות	פרצופים	עולמות	שׁם הוי"ה
כתר	א"א	א"ק	קוץ י'
חכמה	אבא	אצילות	י
בינה	אימא	בריאה	ה
חג"ת נה"י	ז"א	יצירה	ו
מלכות	נוקבא	עשיה	ה

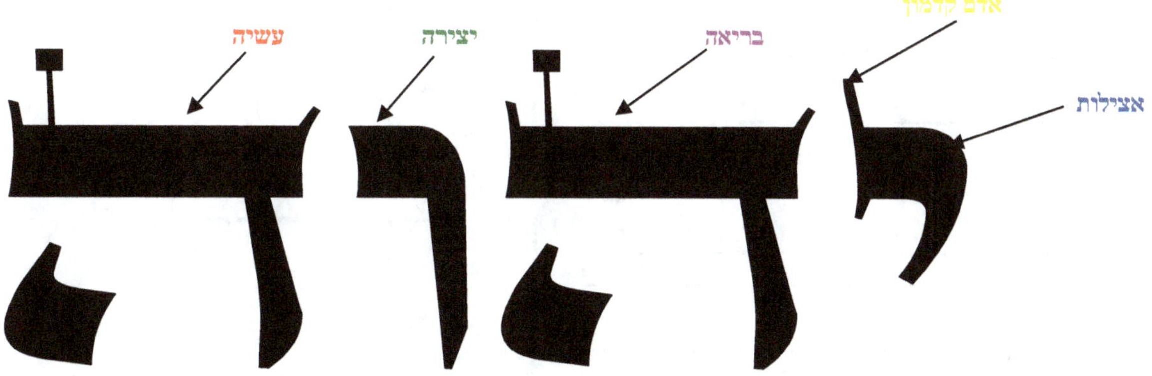

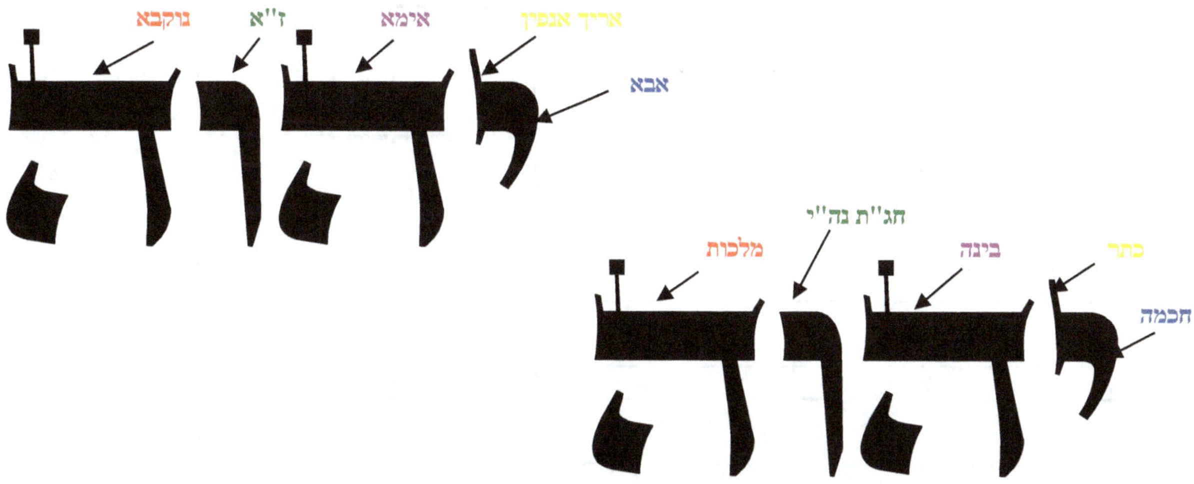

פרטי פרטות				פרטות	כללות

ע"ב

ב"ן	מ"ה	ס"ג	ע"ב	ע"ב	
ב"ן	מ"ה	ס"ג	ע"ב	ס"ג	
ב"ן	מ"ה	ס"ג	ע"ב	מ"ה	
ב"ן	מ"ה	ס"ג	ע"ב	ב"ן	

ס"ג

ב"ן	מ"ה	ס"ג	ע"ב	ע"ב	
ב"ן	מ"ה	ס"ג	ע"ב	ס"ג	
ב"ן	מ"ה	ס"ג	ע"ב	מ"ה	
ב"ן	מ"ה	ס"ג	ע"ב	ב"ן	

מ"ה

ב"ן	מ"ה	ס"ג	ע"ב	ע"ב	
ב"ן	מ"ה	ס"ג	ע"ב	ס"ג	
ב"ן	מ"ה	ס"ג	ע"ב	מ"ה	
ב"ן	מ"ה	ס"ג	ע"ב	ב"ן	

ב"ן

ב"ן	מ"ה	ס"ג	ע"ב	ע"ב	
ב"ן	מ"ה	ס"ג	ע"ב	ס"ג	
ב"ן	מ"ה	ס"ג	ע"ב	מ"ה	
ב"ן	מ"ה	ס"ג	ע"ב	ב"ן	

בכללות	עסמ"ב
פרטות	עסמ"ב דעסמ"ב
פרטי פרטות	עסמ"ב דעסמ"ב דעסמ"ב

תרשימים שער א׳ ענף א׳

תרשים א - ג

מצח	יחידה		אור נעלם
עין	חיה	ע"ב דע"ב דס"ג	
אוזן	נשמה	ס"ג דע"ב דס"ג	יצאו מהאוזן והגיעו עד שבולת הזקן
חוטם	רוח	מ"ה דע"ב דס"ג	יצאו מהחוטם והגיעו עד החזה
פה	נפש	ב"ן דע"ב דס"ג	יצאו מהפה והגיעו עד הטבור

אורות אחז"פ

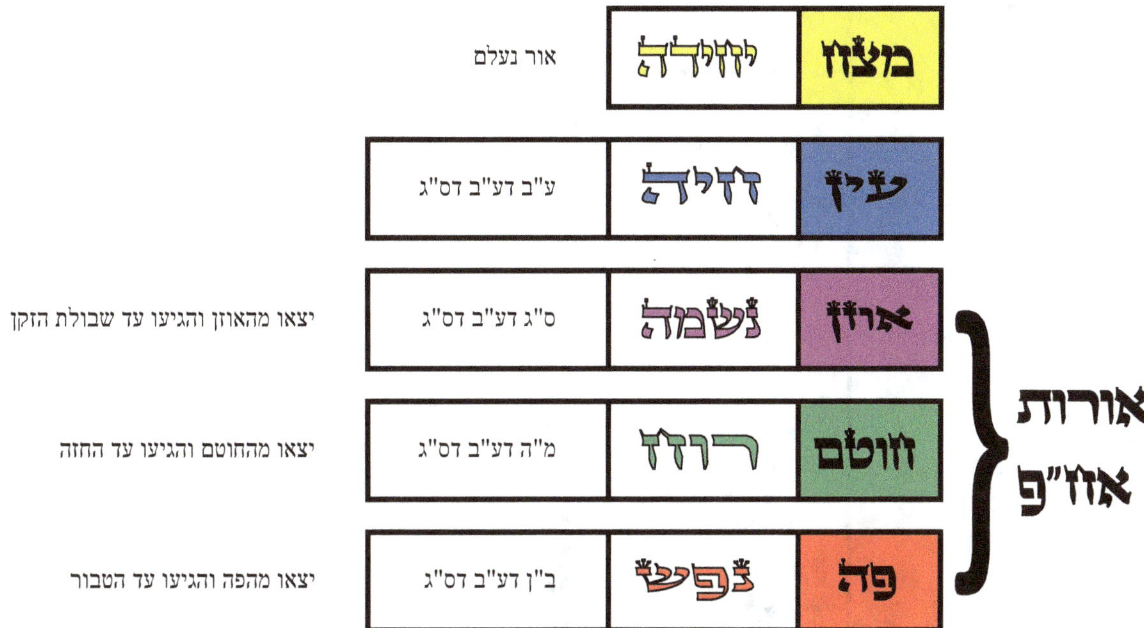

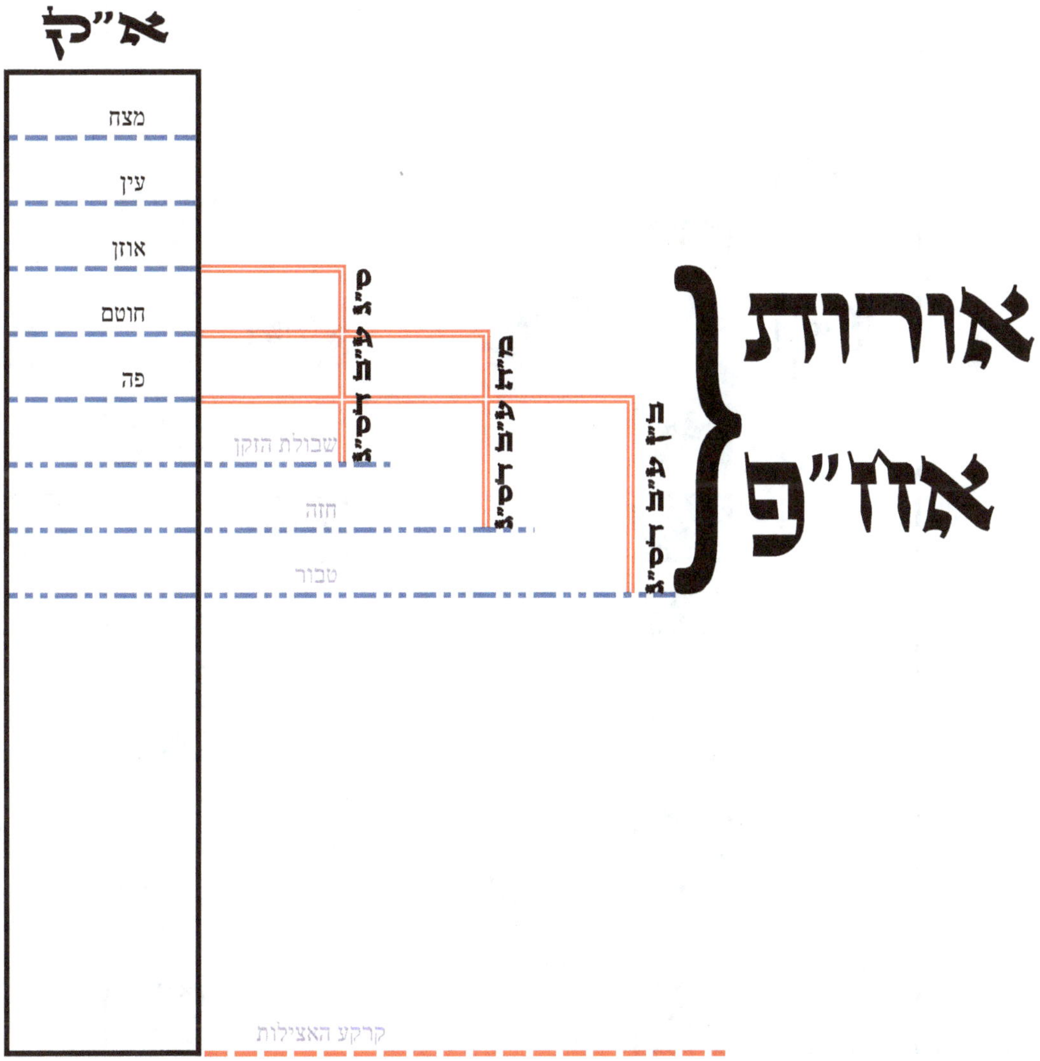

תרשים א - ד

מ"ה חדש
אור שיצא דרך העין
מצח
עין
אוזן
חוטם
פה
שבולת הזקן
חזה
טבור
אורות אח"פ
עולם הנקודים
עולם הברודים
כתר
כתר
בינה
חכמה
בינה
חכמה
דעת
דעת
חסד
גבורה
חסד
גבורה
תפארת
תפארת
נצח
הוד
הוד
נצח
יסוד
יסוד
מלכות
מלכות
אשר הכלים עלו מעל לצמצום
עולם הנקודים
עולם הברודים

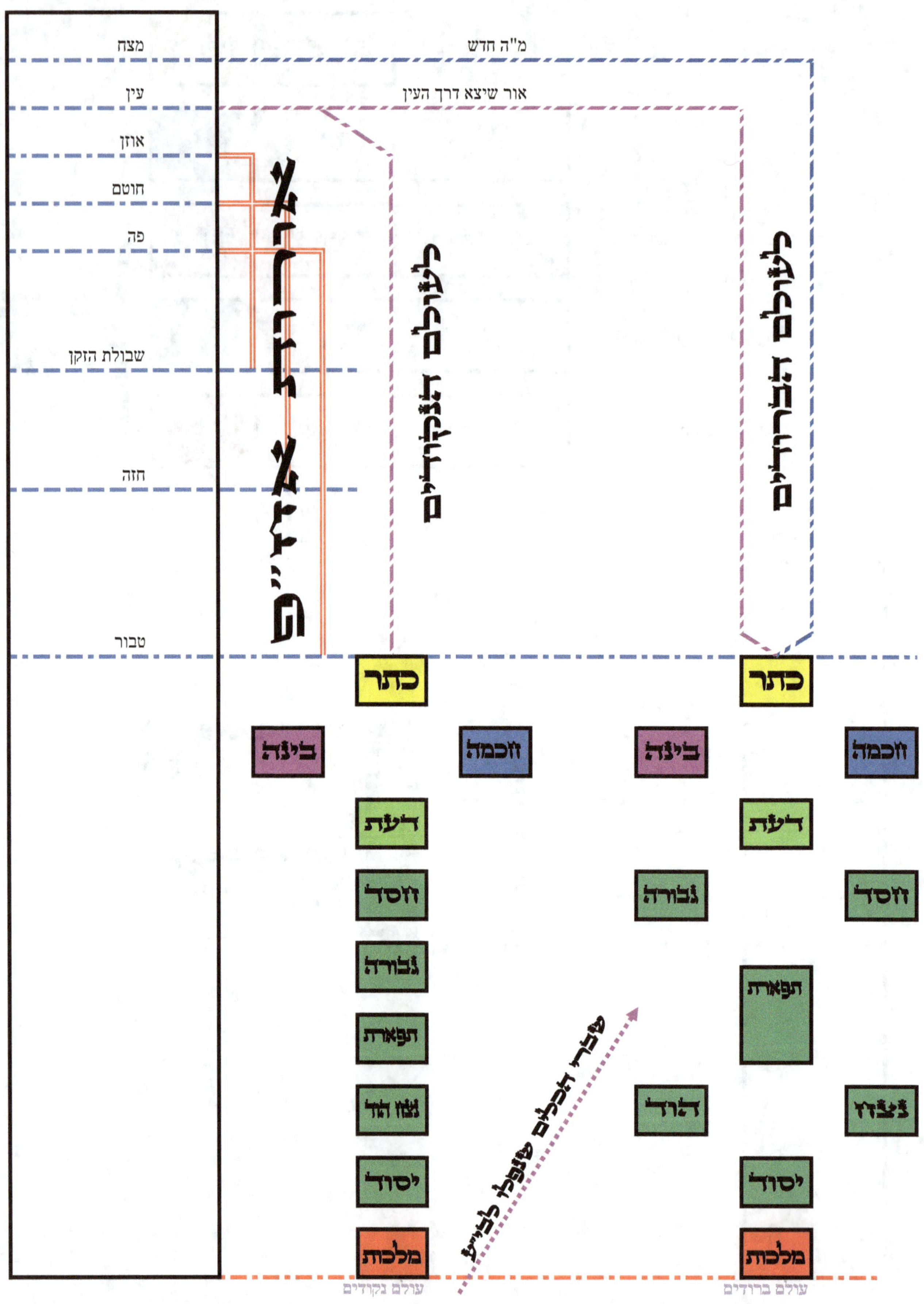

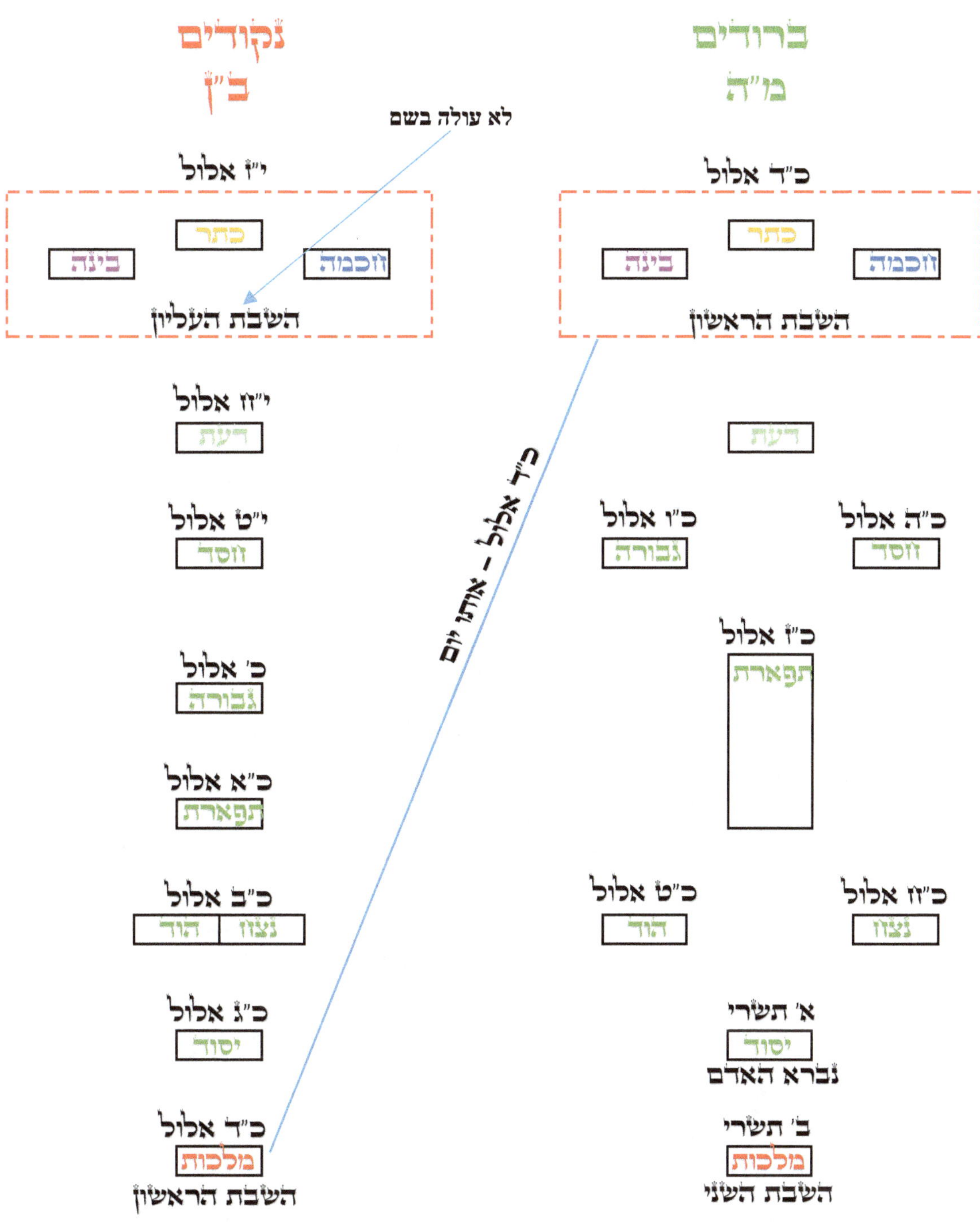
נְקוּדים
ב"ן
בְּרוּדִים
מ"ה
לא עולה בשם
י"ז אלול
כ"ד אלול
כתר
בינה חכמה
בינה חכמה
הַשַׁבָּת הָעֶלְיוֹן
הַשַׁבָּת הָרִאשׁוֹן
י"ח אלול
דעת
דעת
י"ט אלול
חֶסֶד
כ"ו אלול
גבורה
כ"ה אלול
חֶסֶד
כ' אלול
גְבוּרָה
כ"ז אלול
תפארת
כ"א אלול
תפארת
כ"ב אלול
נֶצַח הוֹד
כ"ט אלול
הוֹד
כ"ז אלול
נֶצַח
כ"ג אלול
יְסוֹד
א' תשׁרי
יסוד
נִבְרָא הָאָדָם
כ"ד אלול
מלכות
ב' תשׁרי
מלכות
הַשַׁבָּת הָרִאשׁוֹן
הַשַׁבָּת הָשֵׁנִי
כ"ד אלול – אדָם יים